I0539547

IM
WESEN
EINER
ROSE

E.B. Mason

Im Wesen einer Rose

E.B. Mason

ARPress
ILLUMINATING IDEAS
EMPOWERING VOICES

Copyright © 2025 by E.B. Mason

All rights reserved. No part of this publication may be reproduced, distributed, or transmitted in any form or by any means, including, photocopying, recording, or other electronic or mechanical methods, without the prior written permission of the copyright owner and the publisher, except in the case of brief quotations embodied in critical reviews and certain other noncommercial uses permitted by copyright law. For permission requests, write to the publisher, addressed "Attention: Permissions Coordinator," at the address below.

ARPress
45 Dan Road Suite 15
Canton MA 02021
  Hotline: 1(888) 821-0229
  Fax: 1(508) 545-7580

Ordering Information:
Quantity sales. Special discounts are available on quantity purchases by corporations, associations, and others. For details, contact the publisher at the address above.

Printed in the United States of America.

  ISBN-13:   Softcover   979-8-89676-391-8
              eBook   979-8-89676-392-5

Library of Congress Control Number: 2025920586

An Anne,
Du warst immer da, auch wenn ich ganz woanders war

Außenministerium der Vereinigten Staaten Büro für konsularische Angelegenheiten Washington, DC 20520

Diese Informationen sind auf dem Stand von heute,
Mon Jun 06 12:51:23 2005

AFGHANISTAN

November 15, 2004

"Diese Reisewarnung liefert aktuelle Informationen zur Sicherheitslage in Afghanistan und zur bevorstehenden Amtseinführung des afghanischen Präsidenten. Die Sicherheitslage für alle amerikanischen Staatsangehörigen in Afghanistan bleibt kritisch. Sie ersetzt die Reisewarnung vom 30. Juli 2004.

Das Außenministerium warnt US-Bürgerinnen und -Bürger eindringlich vor Reisen nach Afghanistan. Im gesamten Land besteht jederzeit die Gefahr, dass US-Bürgerinnen und US-Bürger sowie Mitarbeitende von Nichtregierungsorganisationen entführt oder getötet werden. Die afghanischen Behörden können nur begrenzt für Ordnung und Sicherheit für Einwohnerinnen und Einwohner sowie Besucherinnen und Besucher sorgen. Überreste des früheren Taliban-Regimes und andere Terroristen sind weiterhin aktiv. Militäroperationen, Landminen, Banditentum, bewaffnete Konflikte zwischen Politikern und Stammesgruppen sowie die Gefahr von Terroranschlägen, darunter Angriffe mit Fahrzeugen oder anderen improvisierten Sprengsätzen, machen das Reisen in allen Gebieten Afghanistans, einschließlich der Hauptstadt Kabul, unsicher. Die Lage bleibt unbeständig und unvorhersehbar.

Die Präsidentschaftswahlen am 9. Oktober 2004 verliefen mit nur wenigen Störungen. Gewalt bleibt jedoch ein großes Problem. Nach der Wahl tötete ein Selbstmordattentäter mit einer Granate in der Innenstadt von Kabul eine amerikanische Person. Ende Oktober 2004 entführten Unbekannte drei internationale Mitarbeitende der Vereinten Nationen. Die Veranstaltungen zur Amtseinführung des Präsidenten Anfang Dezember könnten weitere Gewalt auslösen.

Im vergangenen Jahr gab es mehrere Angriffe auf internationale Organisationen, Entwicklungszusammenarbeiter sowie ausländische Interessen und Staatsangehörige. Die Vereinten Nationen hatten ihre Aktivitäten nach den Anschlägen kurz ausgesetzt, doch inzwischen arbeiten sie weiter. Dennoch blieben die Vereinten Nationen landesweit weiter das Ziel von Angriffen. Am 1. Juni 2004 geriet ein Konvoi der Vereinten Nationen und nichtstaatlicher Organisationen in Gardez in einen Hinterhalt. Ein Entminungsteam der Vereinten Nationen wurde in Loghar mit Panzerfäusten angegriffen. In Kandahar beschossen Angreifer einen Konvoi des Hochkommissariats der Vereinten Nationen für Flüchtlinge mit Panzerfäusten und Kleinwaffen. Im vergangenen Jahr gab es außerdem mehrere Raketenangriffe in Kabul und anderen Teilen des Landes. Im Juni 2004 traf zum Beispiel eine Rakete das Gelände der Internationalen Sicherheitsunterstützungstruppen in der Nähe der Botschaft.

Familienmitglieder von Menschen, die offiziell in der Botschaft der Vereinigten Staaten in Kabul arbeiten, dürfen sich nicht in Afghanistan aufhalten. Auch inoffizielle Reisen von Mitarbeitenden der US-Regierung und ihren Familien müssen das Außenministerium vorher genehmigen. Je nach Lage sperrt die Botschaft gelegentlich Bereiche, die viele Ausländer besuchen, für ihre Beschäftigten. Zu den potenziellen Zielen zählen wichtige nationale und internationale Regierungseinrichtungen, Sitz von internationalen Organisationen und weitere Orte, an denen sich ausländische Beschäftigte aufhalten, sowie öffentliche Plätze, die bei Ausländern beliebt sind. Auch Privatpersonen in den Vereinigten Staaten werden dringend gebeten, diese Regeln zu beachten. Die Botschaft in Kabul erteilt auf Anfrage telefonisch Auskunft. Aktuelle Hinweise stehen außerdem auf der Website der Botschaft. Terroristen könnten Selbstmordanschläge, Bombenattentate, Attentate, Autodiebstähle, Raketenangriffe, Überfälle oder Entführungen verüben. Dabei kommen sowohl konventionelle Waffen wie Sprengsätze als auch nicht-konventionelle Mittel wie chemische oder biologische Kampfstoffe zum Einsatz."

Ich hatte das gelesen, bevor ich die Vereinigten Staaten verließ, und war mental darauf vorbereitet. Was ich jedoch nicht erwartet hatte, war die Art, wie ich das Land verlassen würde.

Teil eins: Der Anfang

Kabul, Afghanistan, August 2005

"Ich kann nicht atmen."

"Tut mir leid, ich habe nicht verstanden, was du gerade gesagt hast."

"Ich kann nicht atmen. Ich kann keinen Satz beenden ... ohne zu atmen."

Der Army Combat Medic nahm ein Stethoskop von seinem Schreibtisch und untersuchte meine Brust. Ich begann, mein Hemd auszuziehen. Er sagte mir, das sei nicht nötig. Damals dachte ich: *Wie willst du in einem schweren Leinenhemd und einem Baumwoll-T-Shirt etwas hören?* Im Hintergrund arbeitete ein Armeearzt, ein Oberst, der für die Versorgungsstation zuständig war, und kümmerte sich um andere Dinge.

"Hatten Sie schon einmal eine Lungenkrankheit?"

"Ja, vor etwa acht Jahren, als ich in Italien lebte. . . Man sagte mir, es sei eine leichte Lungenentzündung. Sie wurde mit einer dreißigtägigen Kur aus Pillen geheilt, die normalerweise nur ein Pferd schlucken kann."

Während er mich untersuchte, überlegte ich, wie ich eigentlich nach Afghanistan gekommen war.

Ich arbeitete für ein Rüstungsunternehmen. Es stellte vor allem pensionierte Oberstleutnante der Armee und der Luftwaffe ein, um dem Militär der Vereinigten Staaten viele Beratungsleistungen und praktische Fähigkeiten von externen

Anbietern anzubieten. Unser Auftrag war es, die Armee der Vereinigten Staaten dabei zu unterstützen, in Afghanistan eine reguläre Armee aufzubauen. Unser Büro lag in Camp Eggers, das nach einem Captain der Army Special Forces benannt ist, der während der ersten Invasion in Kabul getötet wurde. Ich arbeitete dort als leitender Logistikexperte und fungierte als Berater und Mentor für zwei hochrangige afghanische Offiziere, die beim afghanischen Verteidigungsministerium tätig waren. Anfang des Jahres war ich in Afghanistan angekommen und hatte mich an den Alltag gewöhnt. Doch heute spürte ich, dass dieser Tag anders werden würde.

Nachdem er meine Brust abgehört hatte, bat er mich, mich auf den Untersuchungstisch zu setzen und mein Hemd sowie meine Erkennungsmarke auszuziehen. Dann klebte er Saugnapfmonitore auf meine Brust und meine Seite. Es war interessant, die Ergebnisse zu sehen. Es war ein tragbares Elektrokardiogramm, wie es in der Gefechtsfeldmedizin der US-Armee eingesetzt wird. Als der Ausdruck kam, zeigte die Kurve nur eine Linie. Wahrscheinlich war die Batterie leer oder das Gerät hatte eine Fehlfunktion. Dann brachte er einen Clip an meinem Mittelfinger der linken Hand an. An dem Clip war ein Draht befestigt. Ich fragte, wozu das diene. Er sagte, damit könne man den Sauerstoffgehalt in meinem Blut bestimmen. Das Gerät zeigte 61 Prozent. Später erfuhr ich, dass der Wert normalerweise bei 98 Prozent liegen sollte. Ich scherzte und fragte, ob das bedeute, dass ich tot sei. „Nein, aber das wirst du sein, wenn wir uns nicht beeilen."

Bestimmte Wörter wecken Erinnerungen an Orte, an denen man gewesen ist, oder an Dinge, die man getan hat. Als ich ein junger Hauptmann in der Luftwaffe der Vereinigten Staaten war, wurde ich einem Jagdgeschwader in Deutschland zugeteilt. Unser Geschwader wurde für jeweils einen Monat nach Zaragoza in Spanien verlegt, damit wir auf den spanischen Bombenabwurfplätzen trainieren konnten. Der Flugplan verlangte, dass ich als Wartungsoffizier schon um fünf Uhr morgens an der Fluglinie sein musste. Eines Morgens ging die große spanische Sonne über dem Horizont auf und malte wunderschöne Gelb- und Orangetöne. In diesem Moment kam Roberto zu Besuch. Er steuerte einen mobilen Essenswagen, den die Flieger „Roach Coach" nannten. Er sprach kaum Englisch. Deshalb hielt er an der Fluglinie an, stieg aus und rief wie ein Opernsänger: „Rooooach Cooach!" Im Morgengrauen verkaufte er kleines spanisches Gebäck, Kaffee, Saft und Obst an die Soldaten der US-Armee. Ich stand in der Schlange hinter einem meiner Flieger, der einen Kaffee bestellt hatte. Als Roberto ihm den Kaffee gab, schwamm darin ein Insekt.

"Hey! Da ist ein Insekt in diesem Kaffee!" Roberto schaute ruhig auf die Tasse und sagte: „Es bewegt sich nicht."

Die Person zog einen weißen Plastiklöffel hervor, um den Gegenstand zu entfernen. Doch wegen der Strömung konnte er ihn nicht fangen. Der Käfer wirbelte unaufhörlich umher. Er schüttete den Käfer auf den Boden und stellte eine frische Tasse hin. Ich weiß nicht, warum, aber als die Sanitäterin das Wort „Bewegung" erwähnte, dachte ich an Spanien. Vielleicht war es eine Ahnung dessen, was noch kommen würde. Es bewegt sich nicht. Ich war im Begriff, ein Käfer zu sein, der auf ein Perpetuum mobile trifft.

Eine Fahrt mit einem Feldsanitätswagen der Armee kann eine interessante Erfahrung sein. Sanitätspersonal hob mich auf eine Armeetrage und lud mich in den Wagen. Unser Ziel war das Lager Phoenix, dort stand ein Lazarett der International Security Assistance Force, die erste Versorgungsstufe für verwundete Soldatinnen und Soldaten der multinationalen Streitkräfte der Europäischen Union. Neben dem Fahrer saßen zwei Kampfsanitäter aus den Vereinigten Staaten von Amerika mit mir auf der Rückbank. Beide trugen Gewehre vom Typ M16. Der eine saß neben mir und klemte die Waffe zwischen den Beinen ein. Der andere hatte sich an einer offenen Luke im

Fond festgeschnallt und hielt den Lauf seines Gewehrs aus dem Fenster. Ich kannte die Route durch die Innenstadt von Kabul und war mir der Gefahren bewusst. Die beiden jungen Sanitäter sollten dafür sorgen, dass mir nichts passiert.

Während wir durch Kabul fuhren, lagen die vertrauten Gerüche des fünftärmsten Landes der Erde in der Luft. Überall lag Rauch in der Luft. Straßenhändler verbrannten alles, was sie finden konnten, um ihre Grills zu befeuern. Die Grills bestanden meist aus halbierten Fünfzig-Gallonen-Fässern. Sie brieten Lamm und Hühnchen und verkauften die Snacks an Passantinnen und Passanten. Der beißende Rauch der Grills mischte sich mit einer orange-braunen Wolke aus Abgasen von Autos und Lastwagen, die sich über der Stadt ausbreitete. Auf dem Land gab es kein bleifreies Benzin. Überall lag der Geruch von verbranntem organischem Material. Ein Arbeitsmediziner der Armee erzählte mir, dass zwanzig Prozent der schwebenden Partikel in der Luft Staub von getrockneten Fäkalien oder den Überresten toter Tiere oder Menschen seien.

Ich erkannte, dass wir an der amerikanischen Botschaft vorbeifuhren, weil sich der Gestank von Armut und Staub mit dem Rosenduft von Kabul vermischte. Im Krankenwagen gab es außer der Heckklappe keine Fenster. Doch ich spürte an den seitlichen Bewegungen des Wagens, wo wir uns befanden. Ich erkannte den Massoud Circle, als wir an leblosen, fünfstöckigen Wohnhäusern vorbeifuhren. Die Sowjetunion hatte sie während der zwanzigjährigen Besatzung gebaut, und viele Wände zeigten noch Einschusslöcher. Danach fuhren wir in gerader Linie durch den Staub zum Stadtrand von Kabul und weiter zum Camp Phoenix.

Camp Phoenix, außerhalb von Kabul, Afghanistan, August, 2005

Das Feldlazarett war eine Einrichtung der International Security Assistance Force. Es war keine feste Gebäudestruktur, sondern eine Zeltstadt, die an eine mobile Armee-Sanitäts-Einheit erinnerte. Es standen keine Krankenhausbetten, sondern nur Behandlungstische bereit. Das medizinische Konzept war einfach. Angehhörige der Koalitionstruppen, die verwundet oder krank wurden, wurden zuerst stabilisiert und dann in die nächste Versorgungsstufe gebracht. Von dort ging es weiter zum Luftwaffenstützpunkt Bagram und anschließend zu einem Krankenhaus der Luftwaffe der Vereinigten Staaten. Bei schweren Verletzungen folgte eine Verlegung per medizinischem Evakuierungsflug mit einer C 17 der Luftwaffe zum Krankenhaus der Armee der Vereinigten Staaten in Landstuhl, Deutschland.

Als ich im Lager Phoenix ankam, überführten die Sanitäter mich von der Bahre auf eine Behandlungsliege. Die Tische waren mit drei Zentimeter dickem Hochleistungsschaumstoff gepolstert, der mit durchsichtigem Plastik abgedichtet war. Darüber lag ein knackiges, hellgrünes Laken. Neben mir lagen zwei Soldat:innen, die auf Landminen getreten waren. Diese Minen stammten noch aus der Zeit der sowjetischen Besatzung. Rechts von mir lag eine Person aus Deutschland, links eine aus den Niederlanden. Beide hatten schwere Verbände an den rechten Füßen, aus denen Blut sickerte. Sofort bekam ich über eine durchsichtige Plastikmaske Sauerstoff. Ein italienischer Arzt untersuchte mich. Zwei deutsche Krankenpflegekräfte waren ebenfalls da. Der Arzt wies sie an, darauf zu achten, dass ich nicht einschlafe. Das war leicht zu verstehen, denn die beiden offiziellen Sprachen der Nordatlantikvertrags-Organisation sind Englisch und Französisch.

"Nicht Schlafen!", befahl die Krankenschwester. So viel zu den offiziellen Sprachen der NATO. Mir wurde plötzlich klar, dass dies eine lange Nacht werden würde.

Tanz die Nacht durch. . . .

Die beiden deutschen Krankenschwestern folgten den Anweisungen der Ärztin genau, und später war ich darüber erleichtert. Sie spielten „Tag-Team" und erinnerten mich die ganze Nacht alle fünf Minuten daran. Dieses ständige Erinnern ließ mich den Anblick, die Geräusche und den Geruch Afghanistans und meiner Reise dorthin noch einmal Revue passieren. Zwölf Stunden lang starrte ich an die Zeltdecke und dachte nach. Eine Flut von Ideen und Erinnerungen hielt mich wach. Ich lag die ganze Nacht auf dem Rücken und fragte mich, wie ich hierher gekommen war, denn ich hatte noch nie eine Klinik von innen gesehen. Ich diente 22 Jahre in der Luftwaffe der Vereinigten Staaten, überwiegend als Logistik- und Technikoffizier. Ich hatte mich intensiv mit internationaler Logistik beschäftigt und viel Zeit auf dem Balkan, in Nordafrika, der Türkei und im Nahen Osten verbracht. Meine Arbeit in Afghanistan fühlte sich daher wie eine natürliche Fortsetzung meines bisherigen Lebens an.

"Nicht Schlafen!"

Das Atmen fällt mir schwer ... mach weiter.

"Ist dir schon mal aufgefallen, dass Salzwasser aus dem Meer Hämorrhoiden heilt?" Er hob sein Getränk an, nahm einen großen Schluck und wischte sich den Mund mit dem Handrücken ab.

"Nein, Ralph. Ich habe nicht viel darüber nachgedacht. Mir ist aufgefallen, dass Meerwasser salzig ist, aber ich habe nie darüber nachgedacht, dass es Hämorrhoiden heilt, weil ich keine habe."

"Falls du doch welche hast, setz dich einfach für ein paar Stunden ins Meer. Das hilft für etwa zwei Tage."

Ich war gerade in Dubai angekommen, nachdem ich achtzehn Stunden von Dulles nach Amsterdam geflogen war und nach einer achtstündigen Zwischenlandung war ich in Dubai. Ich hatte gerade im La 'Meridian Hotel am Flughafen eingecheckt, wo ich mich zwei Tage aufhalten sollte, bevor ich ins Land nach Kabul reisen würde. Ich war in der Lobby Bar, als ich Ralph traf. Er arbeitete für dieselbe Firma wie ich und war im Urlaub, um sich von seinem Aufenthalt in Afghanistan zu erholen. Es stellte sich heraus, dass wir im selben Büro arbeiten würden.

Ralph war etwa Mitte fünfzig. Er hatte mehr als zwanzig Jahre im Nahen Osten und in Asien gearbeitet. Er lebte und arbeitete unter anderem in Indien, der Türkei und Indonesien. Später musste er Saudi-Arabien verlassen, weil er über die Gründe lieber schwieg. Weil er sich immer wieder nach Krisengebieten zog, kam er schließlich nach Afghanistan. Er besaß einen Universitätsabschluss in Buchhaltung einer Elitehochschule der Ivy League. Später sagte er mir, dass Menschen, vor allem Buchhalter, den Begriff „Erbsenzählerei" erst in Äthiopien wirklich verstehen.

Er war ungefähr 1,80 Meter groß. Aus knielangen Khaki-Shorts ragten seine dünnen Beine. Ein riesiger Bauch wurde von einem Hawaiihemd verdeckt. Dazu trug er fluoreszierende, orangefarbene Strandsandalen und eine runde Sonnenbrille, wie John Lennon sie in den späten Sechzigern getragen hatte.

"Nach einer Nacht voller Saufen und Huren geht es zurück ins Meer. Hey Barkeeper! Gib mir noch einen Whiskey!"

"Wie lange bist du schon in Afghanistan?"

"Ungefähr ein Jahr. Ich habe früher für das verdammte Friedenskorps als Haushaltsanalyst gearbeitet. Ich hatte genug von der Überschwänglichkeit und Naivität dieser Kids, die zwar gute Absichten hatten, aber keine Ahnung, wie die Welt wirklich funktioniert. Das Korps gab ihnen ein paar Einweisungen, aber keine Waffe, und dann warf es sie in die schlimmsten Dreckslöcher der Dritten Welt und sagte ihnen: 'Ihr habt ein Jahr Zeit, macht euch eine schöne Zeit'. Wenn sie dann ihr Jahr überlebt hatten, gingen sie zurück an die Uni, wurden Assistenzprofessoren und hielten mit Autorität Vorträge darüber, dass jedes Problem auf der Welt das Ergebnis von Amerikas mangelnder Einsicht oder Untätigkeit ist. Ich beschloss schließlich, dass ich genug von ihrem linken Schwachsinn gehört hatte, also folgte ich ihrem Beispiel und ging." Er zündete sich eine Zigarette an, nahm einen Schluck Bushmills und grinste. Ich merkte, dass seine Gedanken weit zurückreichten.

Wir beobachteten eine Gruppe europäischer Entwicklungshelfer, die gerade aus Afghanistan zurückgekommen waren. Sie tranken Bier, sangen und freuten sich, dass sie noch am Leben waren. "Was in Afghanistan passiert, ist einem chemischen Prozess namens 'Cross Linking' nicht unähnlich. Siehst du die Hilfskräfte da drüben? Sie arbeiten ohne ein grundlegendes Konzept." Ralph war leicht berauscht.

"Ich glaube, sie versuchen zu helfen."

"Das ist die Herangehensweise des Westens", meinte er amüsiert.

"Amüsieren? So wie man sich über ihre Bemühungen amüsiert?"

"Nein. Nachdenken heißt, darüber nachzudenken, was sie zu tun versuchen. Wenn wir uns in Kabul treffen. werde ich dir einen Leutnant vorstellen, der den Menschen viel effektiver hilft als diese überdimensionierten Wohltätigkeitsorganisationen."

"Welches Grundkonzept fehlt denn?"

"Was in Afghanistan vor sich geht, erinnert mich an eine Vorlesung, die ich mir in organischer Chemie anhören musste. Es ging um 'Vernetzung'. Ich brauche noch einen Drink, um zu sehen, ob ich mich daran erinnern kann."

"Ich dachte, du studierst Rechnungswesen."

"War ich auch, aber ich brauchte etwas Leichtes für meinen Abschluss. Hey, Barkeeper!" Er nahm einen Schluck, stand auf und verkündete an der Bar: "Alle mal herhören! Ich hatte gerade einen tiefgründigen Gedanken, den ihr vielleicht hören wollt!" Die Mitarbeiter von Christian Aid hörten auf zu singen und sahen zu ihm herüber.

Ralph hielt sein Getränk hoch und sagte: „In Afghanistan wird Geschichte geschrieben. Man nennt das Cross Linking. Dabei handelt es sich um eine Reihe von Folge réaktionen, die natürliche und künstliche Polymer ketten verbinden. Diese Reaktionen verlaufen meist anders als die Reaktionen, die bei der ersten Herstellung der Faserketten ablaufen. Unter starkem Hitze-, Druck- oder Chemikalieneinfluss können sie jedoch ähnlich sein, wie es in der Sowjetunion und im Irak zu beobachten ist." Er hielt inne und nahm einen Schluck aus seinem Glas. Ich war fasziniert. Die Person hatte eindeutig einen Lauf. Ich fragte, ob ich sein Feuerzeug benutzen dürfte. Es war ein altes Zippo aus rostfreiem Stahl. In das Gehäuse war das runde Logo einer Selbsthilfegruppe für das Reizdarmsyndrom eingraviert. In der Mitte stand der Name der Gruppe: FART. Ich zündete mir eine Zigarette an, lehnte mich an der Bar zurück und genoss es, weil alle im Raum Ralph beobachteten. Ich wusste nicht, ob er nur einen Scherz machte oder es ernst meinte. Er stieß mit den Helfern an, zündete sich noch eine Lucky Strike an und sagte: „Durch diese Reaktionen verhalten sich das Substrat oder die einzelnen Ketten weniger unabhängig und mehr wie ein Netzwerk. Die Vernetzung ist eine Endbearbeitung. Sie verbessert in vielen Fällen die Leistung in der Anwendung und sorgt für mehr Festigkeit und chemische Beständigkeit. Gleichzeitig kann die Vernetzung den Einsatzbereich begrenzen, weil das Endprodukt weniger biegsam ist. Der Prozess ist weniger flexibel, dafür werden andere Eigenschaften besser. Für die Menschen gilt meist dasselbe: Man hat nur eine Chance, es richtig zu machen, und die Ergebnisse werden danach genau geprüft. Nimm diese Gedanken mit nach Afghanistan." Die Entwicklungshelfer applaudierten. Er setzte sich und sprach anschließend unter vier Augen mit mir weiter. Ich leerte mein Glas, stellte es auf den Tresen und sagte: „Ralph, du redest nur Scheiße."

"Ha! Hey, Barkeeper!"

"Ralph, ich habe viele Jahre in diesem Teil der Welt und in Afrika gearbeitet und denke, dass wir dringend helfen müssen."

Er schaute zu mir herüber und sagte: "Ich habe viele Jahre in Afrika verbracht und einem Haufen Menschen geholfen, die im Grunde genommen Höhlenmenschen sind. Jetzt bin ich überzeugt, dass Wohltätigkeit eine Masche ist. Schau dir doch die Aids-Hilfe der Regierung der Vereinigten Staaten in Afrika an. Was für eine bescheuerte Idee! Menschen in Not helfen zu wollen ist reine Zeitverschwendung. Diese Hilfsaktionen haben eine Industrie hervorgebracht, die an den Herzen der Menschen zerrt. Das erinnert mich daran, wie ich als Kind in New York City zur Weihnachtszeit die Heilsarmee sammelte. Sie nahm Geld von Menschen, die es sich nicht leisten konnten, behielt etwas für sich und gab den Rest an Menschen, die es nicht brauchten, weil sie ohnehin sterben würden. Denk mal drüber nach. Der Präsident will, dass die Bevölkerung der Vereinigten Staaten von Amerika sechs Milliarden Dollar aufbringt, um

Kondome für Menschen in Afrika zu kaufen. Diese Menschen wissen vielleicht nicht einmal, wie man einen Bleistift benutzt, geschweige denn, wie man ein Kondom verwendet. Für sechs Milliarden Dollar bekommt man sehr viele Kondome."

Er zündete sich noch eine Zigarette an, atmete aus und sagte: "Schade, dass sie nicht benutzt werden."

Der Typ hat mich neugierig gemacht. Er arbeitete offensichtlich nicht für "Ärzte ohne Grenzen".

"Ralph, denk mal über jede Hilfsaktion nach. Es ist eine Anstrengung, nicht unbedingt eine Lösung. Ich denke, am Ende des Tages werden wir nicht nach den Ergebnissen, sondern nach unseren Absichten und Bemühungen beurteilt. Es ist besser, wenn du versuchst, etwas zu erreichen, was nicht immer gelingt, aber als Menschen müssen wir uns die Mühe machen."

Er schaute mich ungläubig an und sagte: "Das ist das Dümmste, was ich je gehört habe."

"Das werden wir am Ende unserer Tage herausfinden."

Er zündete sich noch einen Lucky Strike an und sagte: "Die Araberin da drüben hat einen schönen Arsch. Willst du noch einen Drink?"

"Klar."

Ralph sah die Frau an und nahm einen Zug an seiner Zigarette, ich wusste, was er dachte. Sie hatte wirklich einen schönen Hintern. "Was machst du in Kabul?"

"Ich versuche, ein Finanzsystem für die afghanische Nationalarmee aufzubauen."

"Und wie läuft das?"

"Ohne ein Bankensystem ist das schwierig, denn keine der soldatischen Personen der afghanischen Armee will afghanisches Geld akzeptieren. Außerdem greifen die Menschen gern zu, wenn sich die Gelegenheit bietet. Ein gutes Beispiel dafür war letzte Woche, als wir achtzigtausend US-Dollar an die National Bank of Afghanistan in Herat geschickt haben. Damit sollten die Gehälter der afghanischen Truppen in dieser Region bezahlt werden. Für die Überführung des Geldes setzten wir einen Konvoi aus fünf Fahrzeugen ein. Das erste und das letzte Fahrzeug waren mit einer fünfzig-Kaliber-Kanone ausgerüstet, in der Mitte fuhren sieben Kettenkanonen mit 2,6 Zoll. Das Geld lag in zwei Fuß großen Schließfächern. Der Manager unterschrieb dafür. Auf dem Hin- und Rückweg riskierten amerikanische Soldat:innen ihr Leben. Doch am nächsten Morgen waren sowohl der Bankdirektor als auch die achtzigtausend Dollar verschwunden."

"Also, was ist dein Ansatz?"

"Mach weiter. Das Beste, was du tun kannst, ist, sie zu unterrichten. Versteh bitte, dass es entgegen der offiziellen Darstellung immer sechs Stämme gab und gibt. Sie werden von sechs Kriegsherren kontrolliert. Als Lohn nahmen sie, was sie rauben konnten. Nach der amerikanischen Invasion übernahm Karzai die Macht und wollte einen normalen Staat aufbauen, was in dieser Region ungewöhnlich war. Mit westlicher Hilfe wollte er eine nationale Armee aufbauen, was neu war, weil es in Afghanistan noch nie eine richtige Armee gegeben hatte. Deshalb ernannte er alle Kriegsherren zu Generalen. Sie legten ihre Stammeskleidung ab und erhielten Uniformen."

Ich schaute ihn ungläubig an und sagte: "Das ist das Dümmste, was ich je gehört habe." Ich hielt inne und fragte: "Machen wir Fortschritte?"

"Ja, im Moment schon. Aber ich sage dir, sobald die Welt die Kameras ausschaltet und die Amerikaner nach Hause gehen, wird alles wieder so, wie es einmal war. Der einzige Unterschied ist: Wir bilden sie nach den Standards der amerikanischen Armee aus. Die Warlords werden die am besten ausgebildeten, bestausgerüsteten und diszipliniertesten Stämme mit einem professionellen Offizierskorps haben. Zum ersten Mal in der Geschichte Afghanistans werden sie nicht mehr zu Pferd oder mit einer Pickup-Kavallerie kämpfen müssen. Es geht nur um den Mohn im Westen und die Seidenstraße im Süden." Er war ziemlich betrunken, aber ich fand seine Einsichten interessant und unbezahlbar.

"Hey, Ralph, ich gehe jetzt ins Bett. Es war eine lange Reise von Dulles über einen achtstündigen Aufenthalt in Amsterdam bis hierher. Lass uns morgen früh zusammen frühstücken und weiter reden."

"Okay. Du gehst jetzt schlafen. Ich werde mir eine Muschi suchen."

"Nicht Schlafen!"

Das Atmen fällt mir immer schwerer. . weiter machen. . . Nicht aufgeben!

Ich diente zweiundzwanzig Jahre bei der Luftwaffe. In dieser Zeit arbeitete ich mit vielen jungen Soldatinnen und Soldaten. Fast jeden Tag tauchten Probleme auf. Die meisten hatten sie selbst verursacht. Ein kleiner Teil der Flieger war erstaunlich einfallsreich, wenn es darum ging, Ärger zu provozieren. Fragte man den Übeltäter am nächsten Morgen, was passiert sei, lautete die Antwort immer: „Nichts." Ich war immer wieder erstaunt, welche Straftaten nach Ansicht der Beteiligten als „nichts" galten. Als ich sah, wie Ralph auf die arabische Frau zuging, wurde mir klar, dass er trotz seines Alters immer noch Ärger verursachen konnte. Zum Glück war er nicht mein Problem. Auf dem Weg nach draußen hörte ich über meine Schulter: "Hey, Barkeeper! Gib mir noch einen Whiskey!"

Am nächsten Morgen, als ich gerade eine Tasse Kaffee trank und die *International Herald Tribune* las, ließ sich Ralph an den Tisch plumpsen. Er sah aus, als würde er für die vergangene Nacht bezahlen. Er war dem Anlass entsprechend gekleidet. Er trug knielange lila Shorts, ein fluoreszierendes gelbes Hawaiihemd mit rosa Flamingos als Motiv, Strandsandalen und eine billige dunkle Sonnenbrille. Er sah aus wie etwas, das man auf die Spitze eines Wasserturms stellen würde, um Flugzeuge davon abzuhalten, ihn zu rammen.

"Komm schon, folge mir. Es gibt eine Bar am Pool, die geöffnet hat. Ich brauche eine Bloody Mary."

Als wir bei wolkenlosem Himmel und strahlendem Sonnenschein um den Pool herumgingen, kamen wir an einem europäischen Touristen vorbei, der auf einem Liegestuhl am Pool lag. Er war etwa einen Meter fünfzig groß und wog ungefähr dreihundert Pfund und trug eine orangefarbene Badehose. Als wir an ihm vorbeigingen, streckte Ralph seinen Arm aus, zeigte mit dem Zeigefinger auf ihn und brüllte: "Was zum Teufel ist das denn?"

Wir saßen an der Poolbar und Ralph bestellte eine Bloody Mary, ich bestellte einen Screwdriver. Das ist das Gleiche wie eine Bloody Mary, nur mit Orangensaft gemacht. Wir nahmen beide einen Schluck von unseren Getränken und ich sah Ralph an und fragte: "Hast du das Asperger-Syndrom?" Das Syndrom ist die neueste Diagnose der modernen Medizin, um zu erklären, warum manche Menschen sozial zurückgeblieben sind.

"Nicht, dass ich wüsste."

Ich nahm einen Schluck von meinem Screwdriver und amüsierte mich, weil man selten so ehrliche Menschen findet.

"Also, dein Jahr ist fast vorbei. Was wirst du als nächstes tun?"

"Ich habe eine Schwester in Washington, die krank ist und bald in ein Hospiz kommt. Ich denke, ich sollte dort sein, wenn sie stirbt."

Wir nahmen beide einen Schluck von unseren Getränken. Die Morgensonne schien auf das Wasser. "Hast du schon etwas vor?"

"Noch nicht. Aber wenn du in D.C. keine Arbeit findest, bist du nicht vermittelbar. Ich habe keine Zweifel an der Zukunft. Ich freue mich nur nicht auf sie."

"Warum? Nach einem Jahr Afghanistan würde ich denken, dass du dich auf die Pause freust."

Er zündete sich noch eine Zigarette an, schloss das Feuerzeug und sagte: „Die gesamte Bundesregierung sowie die Unternehmensszene in den Vereinigten Staaten sind mir zuwider." Er schaute den dicken Mann in der Chaiselongue an und sagte weiter: „Wir haben eine Generation von Jugendlichen, die bereit ist, zwei Stunden in jede Richtung zu pendeln, um den ganzen Tag in einem Büro zu sitzen und sich gegenseitig abzufeiern, wenn das Büro einen neuen Kopierer oder eine neue Software bekommt. Ihr ganzes Leben dreht sich um Einsen und Nullen, nicht um Menschen oder Orte. Ich habe sogar ein Gespräch zwischen einem ‚Mentor' und diesen Kindern mitbekommen, in dem es darum ging, wie viel billiger Krawatten aus Satin als aus Seide sind. Deshalb bin ich gegangen. Mir wurde speiübel.

Er zog an seiner Zigarette und sprach weiter.

„In den Sechzigern war es Flower Power. Als das vorbei war,

Danach legte man die bunten Krawatten beiseite und ging weiter. In den Siebzigern kam die Disco. Als diese Welle endete, spendetest du deine Outfits an die Heilsarmee. Deshalb sieht man heute so viele Obdachlose, die wie John Travolta aussehen. In den Achtzigern ging es vor allem darum, Geld zu verdienen.

Manche Menschen taten es, andere nicht. Seit den Neunzigern dominiert die extreme Generation mit Tattoos, Piercings und Extremsportarten. Weißt du, warum es all diesen „Scheiß" gibt? Sie versuchen verzweifelt, ihrem Leben etwas hinzuzufügen. Was erwarten sie sich davon? Sie wurden einer Gehirnwäsche unterzogen und glauben, ein sinnvolles Leben bestehe darin, in einem Büro zu arbeiten und sich ein Tattoo stechen zu lassen. Sie vermissen Intellekt und Freude in ihrem Leben. Sie schaffen es nicht, über sich hinauszuwachsen. Sie sind nur aufgedreht, weil sie sich sehr langweilen. Dabei ist es ironisch, denn es ist nicht intellektuell, einfach etwas Extremes zu tun. Die Industrie der Zukunft entsteht, wenn diese Menschen erwachsen werden, eine neue Mode folgen und ihre Tattoos wieder entfernen lassen wollen.

Er nahm einen Schluck Bloody Mary, zündete sich eine weitere Lucky-Strike-Zigarette an und sprach weiter. „Wenn ich eine Werbung mit dem bescheuerten Ausdruck ‚Think outside the box' sehe, frage ich mich: ‚Was machst du überhaupt in einer Box?'" Das Wort ‚Box' ist der Codespruch der digitalen Generation für eine Kabine. Die Umgebung ist so abgestanden, dass sie „Off Sights" brauchen, um gemeinsam herauszufinden, was zu tun ist. Braucht man für jede Entscheidung eine Gruppe, wird das Ergebnis mies. Weißt du, was die wirkliche Grundlage von Null und Eins ist? Die Null ist der Lauf einer Waffe und die Eins ist die Kugel, die ihn verlässt."

Ich trank meinen Screwdriver aus. Das Gespräch machte eine Pause, und obwohl ich seine Grundgedanken nicht ablehnte, sagte ich schließlich: "Ralph, vielleicht solltest du hier bleiben."

"Könnte eine Option sein."

"Nicht Schlafen!"
Komm schon, atme...

Die deutsche Sprache erinnerte mich an meine Kindheit in Gießen. Mein Vater arbeitete für die Regierung der Vereinigten Staaten von Amerika. Er hatte ein wunderschönes Haus gemietet, das gegenüber dem „Schwanensee" lag. Die Auffahrt war ungefähr achtzig Meter lang und führte abfallend hinunter. Im Garten standen viele Apfelbäume. Ich erinnere mich gut daran, wie ich die großen, süßen, grünen Äpfel pflückte.

Es gab so viele Äpfel, dass meine Mutter keinen einzigen verschwenden wollte. Wir machten Apfelkuchen, Apfelmus, Apfelsaft und Apfelbutter. Einmal, als wir allein waren, erzählte mir mein Vater, dass er Angst hatte, auf dem Sofa ein Nickerchen zu machen. Er fürchtete, meine Mutter würde ihm einen Apfel in den Hintern stecken. Die Ernte war so reichlich, dass meine Eltern Apfelpflück-Partys organisierten. Alle ihre Freundinnen und Freunde kamen, aßen Häppchen, tranken deutsches Bier und Wein und pflückten so viele Äpfel, wie sie wollten. Die einzige Regel war: Bringt eure eigenen Taschen mit!

Eines Tages wollte meine Mutter mehr Farbe im Garten.

Sie wünschte sich einen Kontrast zum leuchtenden Smaragdgrün, das Deutschland im Frühling prägt. Sie entschied sich dafür, langstielige rote Rosen vom Eingang bis zum Tor zu pflanzen. Oft kam ich nach der Schule nach Hause und sah sie in den Beeten. Sie trug einen breitkrempigen Strohhut und kümmerte sich liebevoll um die Blumen. Beide waren wunderschön.

"Nicht Schlafen!"

Atmen ... Pressen ...

Ich lag auf dem Behandlungstisch und rang nach Luft. In diesem Moment dachte ich an meine Frau Anne. Ich hatte sie kennengelernt, als sie als junge Kapitänin und Assistenzärztin in einem Hausarztprogramm in Washington, District of Columbia, arbeitete. Eines Abends, sie hatte selten frei, gingen wir in ein gutes Restaurant in Georgetown. Dort erzählten wir beim Essen von unseren Familien und unserer Kindheit. Ich erzählte ihr, wie ich als sechsjähriges Kind einmal in Schwierigkeiten geraten war. Ich weiß nicht mehr genau, was passiert war. Ich hatte aber das Gespräch meiner Eltern belauscht. Ich erinnere mich daran, dass mein Vater zu meiner Mutter sagte: „Mach dir keine Sorgen, Betsy, Edmund ist der Typ Mensch, der in einen Haufen Scheiße fallen kann und wieder auftaucht, wenn er wie eine Rose riecht." In den nächsten zweiundzwanzig Jahren erwähnte ich diesen Satz nie gegenüber meiner Frau.

"Nacht Schlafen!"
Einatmen, ausatmen, einatmen, ausatmen . . .

Viele Jahre später war ich zum Oberstleutnant befördert worden. Während des Balkankrieges war ich in Italien stationiert. Dort arbeitete ich als Regionaler Logistischer Direktor für die Luftkomponente der südlichen Region der Organisation des Nordatlantikvertrags. Anne und ich mieteten damals eine Villa im Nordosten Italiens. Sie lag auf dem Land zwischen den Dörfern Iutizzo und Gorizzo. Die nächstgrößere Stadt war Condrio. Dieses Gebiet war berühmt für italienische Weißweine. Hinter dem Haus lagen mehr als zweitausend Hektar Weinberge.

Die Villa lag in rund fünf Hektar großen, sorgfältig gepflegten Gärten. Eine etwa einhundertachtzig Meter lange Auffahrt führte heran. Ein zehn Fuß hoher, schwarzer Eisenzaun mit Speerspitzen an jedem vertikalen Element umschloss das Anwesen. Das Tor ließ sich per Fernsteuerung öffnen, die im Handschuhfach meines Autos lag. Laut Mietvertrag musste ich die Arbeit der Person bezahlen, die seit zwanzig Jahren dort als

Gärtnerin oder Gärtner tätig war. Er pflegte das Grundstück, das deshalb makellos war. Er hieß Secondiamo und hatte eine besondere Leidenschaft für Rosen.

Direkt vor der Haustür lag ein dreieckiger Rosengarten. Secondiamo hatte dort einen wunderschönen Garten mit langstieligen gelben Rosen angelegt. Wie für italienische Häuser typisch hatte die Villa keine Klimaanlage. Im Sommer öffneten wir die Fenster an der Vorder- und Rückseite des Hauses, um eine kühle Brise hereinzulassen. In vielen Nächten blühten die Rosen voll und ihr Duft erfüllte das Haus. Ihr einziger Nachteil sind ihre Dornen. Das merkte ich zufällig, als ich mit einer Lungenentzündung aus Slowenien zurückkam. Meine Gedanken sprangen umher und ich fragte mich wieder einmal: Wie bin ich hierhergekommen?

"Nicht Schlafen!" Die Krankenschwester schüttelte mich am Arm. Während ich versuchte, zu atmen, dachte ich an die Aid Station auf Camp Eggers.

"Hattest du schon mal eine Lungenkrankheit?" Die Frage rief eine Erinnerung wach.

Ich erinnerte mich daran, dass meine Partnerin und ich viele Jahre in Europa gearbeitet hatten. Am Anfang wollten wir in jeder europäischen Hauptstadt einmal Silvester feiern. Nach vielen Jahren gingen uns die Orte aus, die wir besuchen wollten. Dann fiel der Eiserne Vorhang, und neue Möglichkeiten eröffneten sich.

Damals wohnten wir in unserer Villa im Nordosten Italiens. Wir saßen an einem runden Feuer, um das gepolsterte Bänke standen. Eine solche Feuerstelle war in der italienischen Region Friaul, die dicht an den Alpen liegt, etwas Besonderes. Sie diente nicht nur zum Wärmen, sondern auch zum Kochen. Ich verwendete die abgeschnittenen Weinreben aus den weitläufigen

Weinbergen hinter der Villa. Secondiamo sammelte das Holz und stapelte es in einer alten Scheune hinter dem Haus. Eines Abends im November war es bitterkalt. Ich entzündete ein Feuer und ließ es prasseln. Der Duft der brennenden Reben, manche so dick wie dein Arm, stieg in die Nase und verbreitete behagliche Wärme. Wir nippten beide an gekühltem Weißwein, der direkt von diesen Reben stammte. Ich fragte: „Was willst du an Silvester machen?"

„Ljubljana. Das ist eine der wenigen Hauptstädte, in denen wir noch nicht waren. Seit dem Ende des Kalten Krieges gibt es viele Orte, an die wir fahren können."

Sie erinnerte sich an den Kalten Krieg, als wir beide Offiziere der Luftwaffe waren und nur aus dienstlichen Gründen reisen durften. Als die Mauer fiel, durften wir endlich frei wählen, wohin wir reisten.

„Okay. Du triffst die Vorbereitungen."

"Nicht Schlafen!" Ich drehte eine Pirouette durch den Raum. *Komm schon; drück ab!*

Zwei Tage nach Weihnachten sind wir nach Ljubljana gefahren. Die Sonne schien, der Himmel war klar, und es herrschten angenehme Minusgrade. Von unserem Wohnort aus liegt die Hauptstadt Sloweniens nur etwa zwei Autostunden nördlich. Gegen elf Uhr konnte ich die schneebedeckten Gipfel der italienischen Alpen sehen. Anne hat das Steuer übernommen, weil ich sehr müde war. Bei Triest sah das Land besonders schön aus. Nach der Grenze zu Slowenien sah es plötzlich ganz anders aus. Der Kalte Krieg war zwar vorbei, doch der Osten wirkte noch zwanzig Jahre hinter dem zurück, was wir kannten. Es erinnerte mich daran, wie Deutschland Anfang der sechziger Jahre wirkte, als ich als Kind zum ersten Mal dort war.

Wir machten Halt in der Stadt Postojna. Die Stadt ist bekannt für ihre Höhlen, in denen einzigartige prähistorische Salamander leben. Ein örtlicher Unternehmer bot Bootsfahrten durch die geflutete Höhle Postojnska Jama an. Meine Frau und meine Tochter wollten die kurze Fahrt durch die Höhle machen. Ich sagte Anne, dass ich mich nicht gut fühlte. Sie nahmen an der Führung teil, während ich im Café direkt vor dem Höhleneingang blieb. Ich ging hinein, sah einen Kamin, in dem ein warmes Feuer brannte, und suchte mir einen Tisch daneben. Auf jedem Tisch stand eine einzelne rote Rose in einer kleinen italienischen Grappa-Flasche. Da ich weder Bier noch Wein wollte, entschied ich mich für ein regionales Getränk namens Crystallizer Koum-Kouat Vassilakis. Ich hatte es schon lange einmal probieren wollen. Das Getränk wird in Griechenland abgefüllt. Es besteht aus Wodka und enthält in der Flasche kleine Stückchen der Kumquat. Der Geschmack war ganz anders, fast schon eklig. Nach einem Glas bin ich auf Kaffee umgestiegen.

"Nacht Schlafen!"
Mein Herz raste. Streng dich an. Atmen.

Nach ungefähr einer Stunde kamen Anne und Allison hinzu, und wir fuhren weiter nach Ljubljana. Unterwegs sahen wir malerische Dörfer und wunderschöne Landschaften. Nach einer Weile erreichten wir die Stadt. Weil mein Orientierungssinn sehr schlecht ist, übernahm Anne das Steuer. Ich habe nie verstanden, wie sie das machte. Man konnte sie in jede fremde Stadt der Welt setzen, und sie fand sofort den Weg. Von Süden kommend fuhren wir auf der Slovenska Ceta, einem der Hauptboulevards, in die Stadt. Auf der linken Seite entdeckten wir das Hotel. Wir hielten vor dem Eingang und luden unsere Koffer aus. Während ich eincheckte, parkte Anne das Auto. Während ich die Anmeldekarte ausfüllte und unsere Pässe vorlegte, fragte die Person an der Rezeption: „Warst du schon einmal in Ljubljana?"

„Nein, meine Frau und ich dachten, diese Stadt würde uns an Silvester Spaß machen."

Er lächelte breit und sagte: „Das ist sie." Dann stellte er ein kleines Weinglas auf den Tisch. Er griff unter den Tresen, holte eine Flasche hervor und schenkte uns einen Schuss Crystallizer Koum-Kouat Vissilakis ein. „Auf das neue Jahr und die Zukunft", sagte er.

"Nicht Schlafen!"

Ich kann es schaffen. Einatmen, ausatmen...

Um neun Uhr abends gingen wir zum Abendessen. Das Restaurant hieß „Pri Sv. Florijanu". Dort herrschte eine ruhige, friedliche Atmosphäre. Im Hintergrund spielte ein Streichquartett leise Vivaldi. Ich entschied mich für ein Drei-Gänge-Menü mit Kalbfleisch, Fisch und Dessert. „Anne entschied sich für ein Gericht mit Fleischspieß. Zum Essen öffneten wir eine Flasche slowenischen Wein. Nach dem Essen tranken wir zur Verdauung einen Fernet. Ich fragte: „Übermorgen, wann willst du abreisen?"

Anne sah mich erstaunt an und fragte: „Wovon redest du?"

„Es herrscht Krieg in Bosnien. Es werden Dinge passieren, über die ich jetzt nicht sprechen möchte, aber ich muss am zweiten Tag zurück sein."

„Nun, ich bin bis zum Fünften im Urlaub. Ich dachte, du auch."

„Schatz, wir haben uns offenbar missverstanden. Ich muss am zweiten Tag zurück sein. Es ist am besten, wenn ich mit dem Zug zurückfahre und du mit Allison die Gegend erkundest. Ich werde zu Hause sein, wenn du zurückkommst."

Nach dem Abendessen zogen wir unsere Wintermäntel an und gingen zum Prešernov trg, dem zentralen Platz im Herzen der Stadt. Dort wollten wir das Feuerwerk ansehen. Die Franziskanerkirche Mariä Verkündigung und die Statue des Nationaldichters Franc Presern leuchteten in buntem Licht. Die rosafarbene Kathedrale und die Granitstatue wirkten wie ein passender Mittelpunkt, wenn man bedenkt, wie stark das Pendel in der Geschichte des Landes geschwungen hat. Auf dem Platz standen viele Freundeskreise, und fast alle hatten eine Flasche Champagner oder Wein dabei. Winzige Schneeflocken fielen und eine Spur von Schnee lag auf dem Boden. Die Messe endete, und die Menschen strömten aus der Kathedrale. Im selben Augenblick begann das Feuerwerk. Bei jedem Knall und Knistern brandete Jubel auf. Flaschen wurden hochgehoben, und Menschen umarmten und küssten sich. Ich dachte, das sei eine wunderbare Feier des Lebens und der Zukunft. Optimismus und Hoffnung lagen eindeutig in der Luft.

Am Neujahrstag war es kalt und der Himmel war bewölkt. Ich ging zum Bahnhof, um den Fahrplan für meine Rückfahrt nach Codroipo zu prüfen. Dort musste ich in einen Zug nach Undine umsteigen. Dort wollte ich einen Milchzug erwischen, der in jedem Dorf auf dem restlichen Weg nach Hause anhält. Es würde ein langer Tag werden. Nach dem Kartenkauf traf ich meine Partnerin und unser Kind in einem Café gegenüber dem Bahnhof. Es war Mittag und ich musste noch etwa zwei Stunden warten. Anne wählte eine Cola, und meine Tochter trank Milch. Ich nahm ein lokales Bier. Wir redeten über meinen dringenden Wunsch, zurückzukehren, und über den Balkankrieg.

Zwanzig Minuten vor der geplanten Abfahrt bezahlten wir die Rechnung und liefen über die Straße zum Bahnhof. Mein Zug stand auf Gleis 3. Ich trug eine Umhängetasche und eine kleine Ledertasche, in der meine Toilettenartikel, Unterwäsche und Socken steckten. Ich warf die Taschen in den Zug, gab den beiden Mädchen einen Kuss und stieg ein. Ich stellte meine Taschen auf die Gepäckablage, klappte das Fenster herunter und winkte Anne zu. Sie rief: „Ich rufe dich an, wenn ich glaube, dass du zu Hause bist!"

Der Zug rollte langsam aus dem Bahnhof, und der Wind frischte auf. Der Nachmittag war kalt, frisch und dunkel. Ich schloss das Fenster, nahm ein Buch aus meiner Ledertasche und begann zu lesen.

"Nicht Schlafen!"

Einatmen, ausatmen, einatmen, ausatmen . . .

Die Zugfahrt nach Hause war nicht die direkteste Route. Nach der Abfahrt in Ljubljana war Triest der nächste große Stopp. Im Hauptbahnhof von Triest packte ich mein Buch weg und schaute mir die Reisenden an. Menschen aus ganz Europa stiegen aus dem Zug. Einige wollten weiter, andere fuhren nach Hause. Danach fuhr ich weiter nach Udine. Dort musste ich eineinhalb Stunden auf den Milchzug nach Codroipo warten. Ich brachte mein Gepäck zum Bahnsteig und ging damit zu einem Café am Ende des Bahnhofs. Dort standen die typischen Stehtische in Brusthöhe für Reisende. Ich stellte meine Taschen ab, bestellte einen Espresso und ein kleines Käsegebäck. Ich fühlte mich erschöpft, ohne zu wissen warum.

Während ich dort stand und meinen Kaffee trank, stand etwa drei Meter weiter ein Serbe mit Vogelkäfigen. Er versuchte, die Vögel an alle zu verkaufen, die einen Zug erwischen wollten. Das war eines der schlechtesten Beispiele für Marketing, die ich je gesehen hatte. Warum sollte eine Person, die gerade ihr Gepäck abfertigt und in einen Zug steigen will, einen Vogel kaufen? Ich vermutete, dass er die Vögel am Ende seines Arbeitstages mit nach Hause nahm und sie aß.

Die Fahrt von Udine nach Codroipo verlief ohne besondere Vorkommnisse und sehr langsam, weil der Zug in jedem kleinen Ort auf der Strecke anhielt. Ich war die einzige Person im Waggon und las die ganze Fahrt über. Ich musste mich zwingen, wach zu bleiben, um meinen Halt nicht zu verpassen. Diese Etappe kam mir endlos vor. Endlich hielt der Zug in Codroipo, und ich stand auf. Dabei spürte ich einen Schmerz in meiner Brust. Ich wunderte mich nicht darüber, weil ich den ganzen Tag nicht bewegt hatte. Ich nahm meine beiden Taschen, verließ den Zug und ging durch den Bahnhof nach vorne, wo ein Kreisverkehr war und die Taxis warteten. Der Bahnhof war völlig leer. Draußen dachte ich: „Fast zu Hause." Ich schaute mich um, aber ich sah weder Menschen noch Fahrzeuge. In diesem Moment wurde mir alles klar. Es war der Abend des ersten Tages im neuen Jahr.

"Nicht Schlafen!"

Atme durch, tu es. Weiter denken, weiter arbeiten...

Ich musste meine Taschen packen und die etwa drei Meilen nach Hause laufen. Nach etwa fünfhundert Metern kam ich zum Stadtzentrum. Ich brauchte eine Pause. Mein Lieblingslokal, das Café Centrale, hatte geschlossen. Gleich um die Ecke fand ich jedoch ein anderes Café. Es lag auf meinem Weg, also sah ich nach, ob es offen war. Das war es. Normalerweise mied ich dieses Lokal, weil die Lichter so hell waren, dass man fast eine Sonnenbrille brauchte. Weil es das einzige geöffnete Café war, blieb ich stehen. Das Café erinnerte mich an die Hemingway-Kurzgeschichte „Ein sauberer, gut beleuchteter Ort". Ich stellte meine Tasche an der Bar ab und bestellte einen Sambuca. Ich atmete schwer und überlegte, wie es weitergehen sollte. Draußen war es eine mondlose, stockdunkle Nacht, und ich ahnte, dass es gefährlich werden würde, sobald ich Codroipo verließ. Es gab keinen Gehweg. Deshalb musste ich mit zwei Taschen auf einer schnurgeraden zweispurigen Landstraße laufen. Italienische Autofahrende waren dort oft mit mehr als achtzig Meilen pro Stunde unterwegs. Ab und zu rauschte ein Wagen vorbei. Ich wusste, dass ein Fußgänger mit zwei Koffern das Letzte war, was die fahrende Person erwartete. Sobald ich Motorengeräusche hörte oder Scheinwerfer sah, sprang ich in den etwa fünf Fuß tiefen Graben neben der Straße. Nach einer gefühlten Ewigkeit erreichte ich die Villa und blickte auf ein zwölf Fuß hohes Eisentor. Seine vertikalen Stäbe endeten in spitzen Speerspitzen. Normalerweise hätte ich es mit einer Fernsteuerung geöffnet. Ich hatte zwar die Schlüssel zum Haus, doch die Fernbedienung lag im Handschuhfach meines Autos, das ich in der Ferne erkennen konnte. Ich stellte die Koffer ab und beschloss, dass ich über das Tor klettern musste, um endlich nach Hause zu kommen.

Zwischen den senkrechten Stäben verliefen zwei waagerechte Balken im gleichen Abstand. Ich nutzte sie als Sprossen. Ich kletterte nach oben und schwang mein linkes Bein darüber. Ich trage Wingtips mit Ledersohlen. Wenn ich abrutsche, werde ich aufgespießt, und bis zum Sonnenaufgang findet mich niemand. Als ich drüben war, öffnete ich das Haus, drückte den Knopf für das manuelle Tor und holte meine Taschen. Auf dem Weg zur Haustür stolperte ich wegen des ungleichen Gewichts der Taschen über einen Pflasterstein und landete in den geschnittenen Rosen. Ich ging durch die Tür, ließ die Taschen fallen und drückte den Knopf in der Haustür, um das Tor zu schließen. Dann ging ich in die Küche, spülte das Blut von meinen Armen und goss mir einen Schluck Jack Daniel's ein. Ich spülte den Whisky im Mund hin und her, spuckte ihn in die Spüle und atmete die Dämpfe ein. Ich hörte meine Lunge knistern. Während ich da stand und nach Luft schnappte, klingelte das Telefon. „Hi, Ed, ich dachte, du wärst schon zu Hause. Wie geht's dir?"

„Ich kann nicht atmen."

„Dann geh gleich morgen früh in die Klinik und lass deine Brust röntgen. Wenn wir auflegen, rufe ich den Arzt für Innere Medizin an und sage ihm, dass du kommst."

„Was passiert, wenn ich heute Nacht sterbe?", fragte ich scherzhaft.

„Dann musst du morgen früh nicht zur Röntgenuntersuchung deines Brustkorbs."

"Nicht Schlafen!"

Atme, atme. Versuche es weiter. Gott, bitte mach, dass es aufhört.

Zuerst lebte ich in Italien. Dann wurde ich noch einmal nach Arizona versetzt. Dort kaufte meine Frau, meine Partnerin, und ich ein Haus. Weil mir der Rosenduft aus Italien fehlte, legte ich einen Rosengarten an. Arizonas Klima ist ideal für Rosen, wenn man sie regelmäßig gießt. In Tombstone steht der größte Rosenstrauch der Welt. Der Eintritt kostet Geld, doch die Reise lohnt sich. Der Rest von Tombstone wirkt wie ein Ort, in dem sich etwa 1.800 Menschen verstecken, die nicht mit dem Rest der Welt leben wollen.

Als wir Arizona verließen, zogen wir nach Maryland. Ich hatte gerade ein Haus gebaut und wollte nach meinen Erfahrungen mit Rosen in Italien und Arizona nun auch in Maryland Rosen als Hobby züchten. Die Reise nach Afghanistan begann mit einem Anruf, während ich gerade meine Rosen im neu angelegten Garten beschnitt. Der Vizepräsident der internationalen Abteilung meiner Firma fragte: „Ich habe eine Stelle in Afghanistan frei. Willst du mitkommen?"

"Nicht Schlafen!"

Nicht aufgeben, atmen, atmen...

Ich kämpfte dagegen, einzuschlafen, und dachte an meinen Einsatz in Afghanistan. Zwei Tage, nachdem ich Ralph kennengelernt hatte, saß ich in einem Flugzeug der Afghanistan Airlines nach Kabul. Bis auf eine Ziege im hinteren Teil der Kabine, die bei Start und Landung wegen des veränderten Kabinendrucks durchdrehte, war es ein Routineflug. Beim Aufsetzen in Kabul begann die Sinfonie. Wie üblich in dieser

Region herrschte eine laute Unordnung. Aus kulturellen Gründen gibt es dort keine geordneten Schlangen. Ich dachte vorher, Marokko und die Türkei seien am schlimmsten, doch Afghanistan übertraf alles, was ich an Unhöflichkeit erlebt hatte. Alle schubsten und drängelten.

Die Ziege war immer noch wütend und stieß die Menschen mit dem Kopf. Der Besitzer hatte ihr ein Seil um den Hals gebunden und versuchte, sie von der Menge wegzuziehen. Ein afghanischer Mensch, der wie ein Ausbilder von Al-Qaida aussah, schlug mit einem Spazierstock auf die Ziege ein, doch auch das half nicht. Wer in dieser Region zu passiv auftritt, erreicht seine Ziele nicht. Die Menschen dort sind nur zu Personen höflich, die sie bereits kennen.

Nicht aufgeben, atmen, atmen...

Vom Flughafen aus wurde ich zu einem großen Kreisverkehr gespült, der als Abhol- und Absetzpunkt diente. Er wirkte wie ein sehr langsames Karussell. Die äußeren Autos und Esel liefen im Uhrzeigersinn, die inneren bewegten sich gegen den Uhrzeigersinn. Ab und zu wendete jemand, alle hupten oder schrien. Es fuhren alle möglichen Fahrzeuge vorbei, von Eselskarren bis zu ukrainischen Bussen. Unter ihnen war ein blau lackierter chinesischer Armeelaster mit Bänken auf der Ladefläche. Er war wahrscheinlich gestohlen. Auf der Heckklappe stand in weißen Buchstaben ein chinesischer Schriftzug. Später erfuhr ich, dass darauf „Die Rechte und Gerechte und Höhere Menschentransportgesellschaft" stand. Lärm und Staub mischten sich in die Begrüßung.

Mark Twain hat einmal geschrieben: „Die Geschichte wiederholt sich nicht, aber sie reimt sich." Ich stand vor dem Terminal, als eine lokale Person auf mich zukam und mir eine Taube verkaufen wollte. Das Tier saß in einem Käfig aus

Weinreben. Meine Augen waren schon immer überempfindlich gegen das Licht am frühen Morgen. Die Morgensonne war fast überwältigend. Der Händler fragte: „Willst du?"

Ich blinzelte und sagte: „Nein."

„Bitte machen Sie sehr gutes Katzenfutter."

„Falls du es noch nicht bemerkt hast, ich habe keine Katze."

„Okay, für dich, mein Freund, senke ich den Preis auf zwei Dollar."

„Hau ab."

"Nicht Schlafen!"

Konzentriere dich, atme. Ein, aus, ein, aus. Es wird immer schwieriger, wach zu bleiben.

Eine Person aus den Vereinigten Staaten sprach mich an und erkundigte sich, ob ich für mein Unternehmen tätig bin. Ich bejahte. Er stellte sich vor, wir grüßten uns kurz. Dann sagte er, er solle mich in ein sicheres Haus bringen, in dem ich das kommende Jahr wohnen würde. Begleitet wurde er von zwei afghanischen Menschen. Er drehte sich zu ihnen um und sagte etwas auf Dari, einer afghanischen Sprache, die dem Persischen sehr ähnlich ist. Die beiden nahmen meine Taschen, in denen sich Sachen für ein ganzes Jahr befanden, und schleppten sie über den Platz. Dort luden sie sie hinten in einen Lieferwagen.

Eine weitere Person wurde noch erwartet.

Es war ein früherer Marineinfanterist. Diese Person war einst Marineinfanterist. Er hatte den aktiven Dienst verlassen, nachdem er im Pentagon in der Abteilung für militärische Ermittlungen gearbeitet hatte. Er sollte mit einem Stab zusammenarbeiten, der das Ziel hatte, ein Generalinspektorat für die Armee in Afghanistan aufzubauen. Im Militär der

Vereinigten Staaten ist der Generalinspekteur dafür zuständig, finanzielle oder persönliche Vergehen zu untersuchen. Als er mir das erklärte, ging mir durch den Kopf, dass ich selbst viele Jahre in dieser Region gearbeitet hatte: „Viel Glück, du wirst es brauchen."

Dann luden wir unser Material auf, und wir fuhren los. Während wir durch Kabul fuhren, schaute ich aus dem Fenster des Wagens. Unser Betreuer sagte, die Unterkunft habe früher „Weisses Haus" geheißen. Ein Armeeoffizier mochte wegen unseres Lebensstils und alter Gefängnisfilme aber „Großes Haus" besser. Der Name war leicht zu merken. Weil nur wenige von uns Englisch sprachen, kannten alle Fahrer das „Big House". So viel also zur Idee eines geheimen „Safe House".

"Nicht Schlafen!"
Konzentriere dich, atme. Ein, aus, ein, aus.

Wir waren auf dem Weg zu unserer Unterkunft, wo wir das kommende Jahr leben würden. Der Fahrer steuerte das Fahrzeug durch einen Kreisverkehr, den Fußgänger und Tiere aller Art kreuzten. Ich schaute nach links und sah an der Ecke einen Laden mit einem riesigen Schild. Darauf stand „Afghanistan Mathematisches Zentrum für metaphysische Forschung". In den Fenstern des ersten Stocks, der früher wohl ein Teppichgeschäft gewesen war, hingen sehr detaillierte und hervorragend gezeichnete große technische Zeichnungen von astronomischen Darstellungen der Sterne und Himmelskörper. Auf den Tafeln standen alle mathematischen Berechnungen. In den folgenden Wochen fuhren wir oft daran vorbei, doch ich habe dort nie jemanden gesehen.

"Nicht Schlafen!"

Na los! Atme, geh weiter. Stirb nicht, geh weiter.

Wir fuhren direkt in das Zentrum von Kabul. Ich schaute aus dem linken Fenster des Wagens. Wir fuhren an einem kleinen Park vorbei. Dort spielten Kinder, einige Menschen rauchten, und andere, die Burkas trugen, passten auf Kinder auf. Mein Blick fiel auf die Rosen, die in allen Farben blühten. Sie waren wunderschön, vor allem wenn man bedenkt, wie trostlos die Stadt sonst aussah. Sie waren die einzige Farbe in der Stadt. Ich dachte: Warum muss ich so hart arbeiten, um gut aussehende Rosen zu züchten? Diese hier wachsen wild und sehen trotzdem toll aus. Vielleicht sickert der Tod in den Boden und lässt solche Wunder wachsen.

Es gab kaum Cafés, dafür viele Kioske. Sie verkauften Spieße, flaches Steinofenbrot, Gemüse und Wasser in Flaschen. Da es weder Holzkohle noch Holz gab, verbrannten sie alles, was brennbar war. Die Feuer stießen einen üblen grünen und gelben Rauch aus, der sich mit dem Dunst von Kabul vermischte. Später erzählte mir ein Arbeitsmediziner der Armee, dass bei Studien herausgekommen war, dass zehn Prozent der Schwebeteilchen im Smog Staub von toten Tieren oder Menschen waren, der immer auf den Straßen der Stadt lag. Staub zu Staub. Wir kamen an der Moschee für diesen Stadtteil vorbei. Die Moschee war das höchste Gebäude der Gegend, doch bald sollte ein modernes, gläsernes Bürogebäude auf der anderen Straßenseite es übertreffen. Ich fragte mich, warum jemand in Afghanistan ein modernes Glasgebäude bauen sollte. Einen Block weiter bog der Fahrer rechts in eine Seitenstraße ein. Dann näherten wir uns dem Großen Haus. Vor zwei drei Meter hohen Toren standen vier afghanische Wachen mit Kalaschnikows. Der Fahrer hupte, die Wachen schoben ein Tor auf, und wir fuhren in den Innenhof.

Das „Big House" war ein unscheinbares, weißes, modernes, vierstöckiges Gebäude. Vor der Fassade stand ein Springbrunnen, doch er war nicht in Betrieb. Daneben führten fünf Stufen zur Eingangstür. Auf der Eingangsebene lag eine Veranda. Rechts davon gab es eine weitere Veranda mit einer Tür zu einer Wohnung. Um den gesamten ersten Stock waren Sandsäcke etwa einen Meter hoch aufgeschichtet. Die Wohnungen im zweiten bis vierten Stock hatten Balkone.

Unsere Taschen wurden ausgeladen und in die Lobby gebracht. Es war dunkel, aber wir empfanden die Atmosphäre als sehr beruhigend. Ich ging durch die Haupttüren und stand in einem schattigen, wunderschönen Innenhof. Die Halle war aus Marmor und hatte Buntglasfenster an der Rückwand. In der Mitte stand ein achtzehn Fuß hoher Tisch aus hochglanzpoliertem Walnussholz. Um den Tisch standen sechzehn passende Stühle. Unser Programm-Manager saß dort und blätterte in unseren Personalakten.

„Willkommen im Großen Haus!" Er sah mich an und sagte: „Du bist seit zweiundzwanzig Jahren bei der Air Force." Dann sah er meinen Partner an, „Du bist Marine, seit sechzehn Jahren. Ich diene bei der Armee, vierundzwanzig Jahre."

Der Marine sah ihn an und fragte: „Habt ihr noch ein Zimmer im Gasthaus?"

„Wir haben zwei Zimmer frei. Beide sind auf dieser Etage. Die meisten Menschen bevorzugen höhere Stockwerke, weil dieses Geschoss am anfälligsten ist. Ihr seid neu, also könnt ihr sie haben. Wenn jemand am Ende des Vertrags geht oder stirbt, könnt ihr nach oben ziehen. Dann beginnen die nächsten Neuen hier. Wir haben zwei Räume. Wir haben zwei Zimmer. Einer liegt hinten links, der andere vorne rechts. Der Raum hinten links ist größer und gilt als sicherer, weil man nur die Wand des Gebäudes auf der anderen Seite der Gasse sehen kann. Der Raum vorne rechts ist kleiner, bietet jedoch eine angrenzende Küche und ein eigenes Badezimmer. Der Nachteil ist, dass es zu den Toren und zur Straße hin liegt. Wenn dort Autobomben hochgehen, bekommt man eine Glasdusche."

Der Ex-Marine und ich sahen uns die Zimmer an. Der Direktor fragte: „Wer will was?" Wir schauten uns an. Der Direktor nahm eine Münze aus seiner Tasche und sagte: „Sagen Sie es."

Ich sagte: „Zahl."

Der Marine sagte: „Kopf."

Dann warf er die Münze hoch. Sie prallte zweimal auf dem Marmorboden auf und blieb liegen. Wir drei beugten uns vor und sahen sie uns an. Der Marinesoldat und ich hatten noch nie eine chinesische Münze gesehen. Deshalb fragten wir gleichzeitig: „Was zum Teufel ist das?"

Der Programmmanager schaute sie an, blinzelte und erklärte: „Ich bin mir nicht sicher, aber ich glaube, es ist Kopf." Während wir die Münze untersuchten, kam ein afghanischer Hausangestellter hinzu. Er sah uns, wie wir gebückt auf die Münze schauten.

Der Programmmanager schaute ihn an und fragte: „Was ist das?" Der Hausboy sah uns an, als wären wir Idioten.

Er sagte: „Es ist eine Münze."

Mir wurde das Zimmer vorne rechts zugewiesen. Auf halber Höhe des Glasfensters und der Tür lagen Sandsäcke. Eine Tür führte auf eine Marmorterrasse, die niemand benutzt hatte. Auf der Innenseite des Glases klebte eine dunkle Folie, wie sie in den Vereinigten Staaten zum Verdunkeln von Autoglas verwendet wird. Sie sollte die Folgen von Explosionen abmildern. Ich schälte die Folie ab. Es war mir egal. Ich wollte nicht das kommende Jahr in einer Höhle verbringen. Ich öffnete die Tür zum Treppenabsatz. Vor mir lagen zwei Meter hohe Sandsäcke. Um sie wegzuräumen, ging ich durch den Vordereingang des Hauses und kletterte fünf Meter zum Treppenabsatz. Das Zimmer wirkte wie ein übergroßes, altes Hotelzimmer. Die Wände waren frisch weiß gestrichen. Darin standen ein übergroßes Einzelbett, ein Nachttisch, ein Mahagonischreibtisch mit Stuhl sowie ein großer Schrank, dessen Schubladen sich im unteren Drittel befanden.

Vom Treppenabsatz vor meinem Zimmer sah ich über Tontöpfe mit einer einzigen Rosenpflanze hinweg auf den Parkplatz, wo sich die Fahrenden jeden Morgen gegen halb sechs versammeln würden. Um sechs Uhr würden wir starten. Jedes Fahrzeug wählte eine andere Strecke und ließ uns am ersten Tor des Lager Eggers, dem Hauptquartier der US-Armee in Afghanistan, aussteigen. Auf dem Rückweg überquerten wir eine belebte vierspurige Straße und gelangten zum Parkplatz eines anderen Unterschlupfs namens „Alamo". Die Fahrer, die uns nach Camp Eggers brachten, waren immer da. Sie kannten unsere Routine und waren bereit, uns an jeden gewünschten Ort zu fahren. Das Unternehmen, für das ich arbeitete, hatte die Transporter in Indien geleast. Es spielte keine Rolle, ob der Fahrersitz links oder rechts war, weil die Schiebetür des Transporters immer auf der linken Seite lag. Ich trug stets einen Geologenhammer am rechten Hosenbund, weil der Verkehr auf der rechten Seite lief. Wurde ich auf die Seite geschleudert, konnte ich schnell aussteigen. Das in Indien verwendete Autoglas zerbricht nicht wie amerikanisches Autoglas. Selbst mit bloßen Fäusten lässt es sich nicht zerbrechen. Die Vorstellung, bei einem Unfall lebendig zu verbrennen, war beängstigend.

"Nicht Schlafen!"

Atme.... Verdammt noch mal! . . . Atmen... Ich habe das Gefühl, ich versinke.

Auf Camp Eggers gab es zwei Speiselokale: das „The Rose" und das „The Goat". Eines Morgens frühstückten wir in der „Rose". Wir wählten dieses Lokal, weil es näher an unserem Büro lag. Das Lokal hieß „The Rose", weil das Gebäude von vielen Rosen umgeben war. Das Essen dort war reichlich und schmeckte gut. „The Goat" bot jedoch eine größere Auswahl. Im Speisesaal der „Rose" stand ein Großbildfernseher. Darauf liefen zeitversetzt Seifenopern des Bundeswehrsenders aus Deutschland. Alle Soldatinnen und Soldaten sowie Marineinfanteristinnen und Marineinfanteristen folgten gebannt der Handlung von Days of Our Lives und sahen jede Folge. Verpassten sie eine Folge, holten sie das Geschehen später nach, indem sie mit jemandem sprachen, der die Folge gesehen hatte, während sie Wache standen. An jedem Tisch saßen acht Personen, und am Ende jedes Tisches stand ein Gewehrständer. Wir gingen die Reihe entlang. War ein Platz frei, setzten wir uns darauf. Dann sprachen wir über das, was uns an diesem Tag interessiert hatte.

Ich saß Ralph gegenüber, sechs weitere Personen komplettierten die Runde. Sie sprachen über einen Soldaten, der am Vortag ums Leben gekommen war, weil sein Fahrzeug im Süden Afghanistans einen Berg hinuntergestürzt war. Ein Army-Major, der gerade Kekse mit Hackfleischsauce aß, sagte: „Was für eine dumme Art zu sterben: Unaufmerksamkeit."

Ralph sagte mit seiner typischen dröhnenden Stimme:

„Shit happens. Vor ein paar Jahren habe ich in der International Herald Tribune eine Geschichte über einen deutschen Zooarbeiter gelesen, der sich um einen kranken Elefanten kümmerte. Das Tier litt an Verstopfung. Nachdem er dem Elefanten ein starkes Abführmittel gegeben hatte, wollte er ihn zusätzlich entimpfen. Er stellte sich hinter das Tier, das voller Kot war, und begann zu graben. Und BÄM! Die Bestie reißt sich los. Die Wucht des Durchfalls warf ihn auf den Rücken. Sein Hinterkopf schlug auf dem Beton auf, und er verlor das Bewusstsein. Dann überzog ihn der Elefant von der Taille aufwärts mit Kot. Eine etwa einen Meter hohe Kotmasse bedeckte seinen gesamten Oberkörper bis über den Kopf. Ich glaube, offiziell hieß es später, er habe Scheiße eingeatmet oder verschluckt.

Wir saßen alle mit unseren Gabeln in der Luft zwischen Essen und Mund und hörten auf zu kauen. Der Major starrte auf seine mit Rinderhackfleischsahne überzogenen Kekse.

„Erschießt diesen Hurensohn!"

Alle am Tisch duckten sich. Wir dachten, das Ziel sei Ralph. Bald darauf wurde klar, dass ein Soldat, der in der Seifenoper Days of Our Lives gefangen war, die Worte geschrien hatte. Die Stimme schrie eine Figur aus der Soap an, die das Arschloch des Monats spielte.

"Nicht Schlafen!"

Tief einatmen, ein ... aus.

Nach dem Frühstück gab ich der Katze immer zwei Putenwürstchen. Sie besuchte unser Büro zweimal täglich, manchmal auch öfter. Wir saßen im Büro, während die Katze auf der Fensterbank lag. Dann hielt Jim eine bewegende Rede über die schwierige Lage einiger afghanischer Familien, von denen er erfahren hatte. Er war die unflätigste Person, die ich je getroffen habe, aber er hatte ein Herz aus Gold. Er hatte das Boston College mit einem Abschluss in Rechnungswesen abgeschlossen. Zusammen mit Ralph übernahm er alle finanziellen Aufgaben der afghanischen Armee. Er war nicht groß, doch mit seinen feuerroten Haaren und seinen durchdringenden blauen Augen zog er alle in seinen Bann, mit denen er sprach. Er engagierte sich mit Leidenschaft, vor allem, wenn es darum ging, Menschen zu helfen. Er berichtete von seinen Bemühungen, zehn Flüchtlingsfamilien zu unterstützen, die in einem zerbombten Lagerhaus am Rande der Stadt lebten. Er hatte sie zufällig entdeckt und war sofort von ihrer Notlage ergriffen gewesen. Die Familien waren aus Afghanistan geflohen, als die Taliban an die Macht kamen, und in den Iran gegangen. Als die amerikanische Armee die Taliban verdrängte, hörten sie, dass das Leben in ihrer Heimat wieder normal werden würde. Darum kehrten sie nach Kabul zurück. Jede Familie hatte etwa drei Kinder. Er beschrieb ihr elendes Leben: „Im letzten Winter war es so kalt, dass sie ihre Schuhe verbrannten, um sich warm zu halten. Jetzt fließen rohe menschliche Abfälle auf die Straße, und die Kinder laufen barfuß darin herum. Ich muss mir überlegen, wie ich richtige Toiletten aufstellen kann."

Ich saß an meinem Schreibtisch und hörte zu. In diesem Moment drehte ich meinen Stuhl um und sagte: „Denk nicht einmal an tragbare Toiletten. Irgendjemand muss sie bezahlen. Selbst wenn du jemanden findest, der sie aufstellt, wirst du keine Firma finden, die sie leert." Ich dachte an William Blake: „Die größte Sünde ist es, die Impulse des eigenen Herzens zu ignorieren."

„Was ist mit aufgeschlitzten Gräben?"

„Nicht in dieser Kultur. Das klappt nur auf dem Feld, wo nur Leute mit sehr ähnlichem Hintergrund sind."

Stewart las gerade in der neuesten Ausgabe der Stars and Stripes. Diese Zeitung erscheint seit dem Zweiten Weltkrieg und liefert offizielle Nachrichten für die Truppen. Ein Drittel der Zeitung besteht aus Nachrichten. Die übrigen zwei Drittel füllen Geschichten, die nur dann jemanden interessieren, wenn sie die zweiwöchentliche sinnlose Todesgeschichte enthalten. Das letzte Drittel war am beliebtesten: die Sportseite. Wir alle wussten, dass Stewart ein Agent der Central Intelligence Agency war. Er hat es nie zugegeben, und wir haben nie danach gefragt. Er hatte die Columbia University abgeschlossen, sprach fließend Dari und saugte jedes Detail auf wie ein Schwamm. Ich fand es amüsant, dass er, wenn die Übersetzer unsere Dokumente zurückgaben, immer fragte: „Soll ich das für euch prüfen?" Manchmal verschwand er für fünf bis zehn Tage.

Danach kam er zurück, legte die Füße auf den Schreibtisch und las jede Zeitung, die er finden konnte. Dann legte er die Zeitung beiseite, lächelte und fragte: „Bist du ein Experte für Dreckslöcher?"

„Ja, Stewart. Ich bin registrierter Ingenieur für Katastrophenhilfe am Royal College of Engineering in London. Ich kenne mich mit Dreckslöchern gut aus."

„London?"

„Ganz und gar nicht. London zählt zu meinen Lieblingsstädten. Das Royal College of Engineering hat mir nur bescheinigt, dass ich ein Scheißloch erkenne, wenn ich eines sehe, und dass ich weiß, wie man eines baut."

Ich schaute zu Jim und sagte: „Es gibt mehr als einen Weg, diese Katze zu häuten. Es gibt viele Möglichkeiten." Die Katze auf dem Fenstersims, die sich in der Sonne sonnte, hob den Kopf, sah mich an und sagte: „Wie bitte?" „Wie bitte? Ich sah Jim an und sagte: „Es gibt Wege, das Problem zu lösen."

„Danke."

„Ich denke, die Gießspülmethode würde funktionieren. Die Technik ist einfach. Sie bietet Privatsphäre, fast keinen Geruch und keine Fliegen. Im Grunde ist es eine moderne Toilette über einer überdachten Grube. Neben dem Hocker stehen zwei Eimer mit Wasser. Wenn du fertig bist, kippst du den ersten Eimer in die Schüssel. Der zweite Eimer dient der Körperpflege. Du weißt, dass es in dieser Kultur kein Toilettenpapier gibt. Dafür ist der zweite Eimer da. Die Kabinen lassen sich so aufstellen, dass Menschen unterschiedlicher Geschlechter sich nicht sehen können.

„Wenn du wirklich dringend musst, wäre es dir wohl egal, wenn dich jemand beim Betreten einer Latrine sieht." Lieutenant Commander Don West diente aktiv in der Marine der Vereinigten Staaten. Er saß an seinem Schreibtisch und schnitt sich die Fingernägel. Er hatte die Marineakademie abgeschlossen und interessierte sich für Bodybuilding sowie für Nahrungsergänzungsmittel. Er kümmerte sich um den Schutz der Streitkräfte und beriet das irakische Militär, weil er als Navy Seal ausgebildet worden war. Er war neu in diesem Büro und hatte noch nie in der islamischen Welt gearbeitet. Deshalb musste er sich erst einarbeiten. Jedem von uns wurde eine übersetzende Person zugeteilt. Diese Menschen übersetzten alles, was wir schrieben, ins Dari. Alle Übersetzerinnen und Übersetzer hatten in Pakistan studiert und Afghanistan während der Herrschaft der Taliban verlassen. Erstellten wir ein Dokument, übergaben wir es ihnen auf Englisch, und sie übersetzten es ins Dari. Nach Abschluss der Übersetzung brachten sie das Dokument zurück und lasen uns den Inhalt auf Englisch vor. Eines Tages brachte die Übersetzerperson des Offiziers ein zwanzigseitiges Dokument und las es laut vor. Der Kommandant legte die Füße auf den Schreibtisch, verschränkte die Hände hinter dem Kopf und hörte zu.

Ein Abschnitt beschrieb den Schutz der Truppen. Ein weiterer Abschnitt erklärte den Aufbau von Verteidigungspositionen. Das Thema war „Schussfeld". Das ist Militärjargon und beschreibt, wie man ein Gebiet mit Geschütz-, Gewehr- und Kanonenfeuer aus zwei oder mehr Richtungen abdeckt. Seine Übersetzung war: „Eure Felder stehen in Flammen." Der Oberstleutnant ließ die Füße vom Schreibtisch fallen, zog seine Pistole, machte sie schussbereit und sagte: „Zwingen Sie mich nicht, das zu benutzen." Der Übersetzer stürmte aus dem Raum. Wir sahen uns alle an. Jim sprach als Erster. „Wir wissen, dass du neu hier bist, und ich fand den Witz eigentlich lustig. Aber wir müssen bedenken, was diese Menschen erlebt haben. Unter der Herrschaft der Taliban hätten sie sterben müssen, wenn ihnen ein Fehler unterlaufen wäre. Er wusste nicht, ob du es ernst meinst oder einen Scherz machst. Das musst du verstehen:

Hier bedeutet das Leben nichts." Danach gingen alle zurück an ihre Schreibtische und arbeiteten weiter.

„Hat irgendjemand eine leere Coladose?"

Später am selben Tag schaute ich aus dem Fenster neben meinem Schreibtisch. Ich sah West und die übersetzende Person auf unserer Betonbank sitzen. Sie teilten eine Tüte Datteln. Der Beamte zeigte seinem Übersetzer, wie man eine Pistole in Einzelteile zerlegt und sie danach wieder zusammenbaut.

„Nicht schlafen!" Ich schnappte nach Luft und sah, wie sich ihre Brustwarzen unter dem OP-Kittel abzeichneten. Ich dachte, „Schatz, ich gehe nirgendwo hin. Komm schon, pressen!"

Meine Gedanken sprangen zurück zum Camp Eggers. Ein Hauptmann der Armee stürmte herein. Dieser Offizier war sehr dünn und lief in seinen zwölf freien Stunden jeden Tag zehn Meilen. Wir sahen ihn so oft an unseren Bürofenstern vorbeilaufen, dass wir ihn irgendwann nur noch als zweiten Zeiger unserer Uhr betrachteten. „Wer möchte sich für den 4. Juli anmelden?"

Ralph saß an seinem Schreibtisch, trank eine Flasche Wasser und antwortete als Erster. „Was soll am Laufen Spaß machen? Ich bin nicht interessiert, weil ich keine Todessehnsucht habe. Ich glaube, jeder Mensch kommt mit einem Todesurteil auf die Welt. Uns stehen nur begrenzte Herzschläge zur Verfügung. Das macht das Leben spannend, denn man weiß nie, wie viele man noch hat. Ich will nichts davon früher aufbrauchen als nötig." Er zog eine Lucky Strike heraus und sagte: „Hey Mason, willst du eine rauchen gehen?"

Wir standen auf und nahmen auf dem Weg nach draußen eine Flasche Wasser aus dem Kühlschrank. Ralph nahm zwei.

Draußen setzten wir uns auf eine Betonbank im Schatten. Über uns erstreckte sich ein großes Spalier mit einer Reihe Weinstöcken. Die Blätter waren so groß, dass sie perfekten Schatten vor der brennenden afghanischen Sonne boten. Ralph zündete sich eine Lucky Strike an, und ich holte eine Schokolade aus einer britischen Dose, die ich in Dubai gekauft hatte. Wir saßen, rauchten und beobachteten unseren Gärtner. Unser Büro hatte eine der wenigen Grünflächen im Freien. Mit einer Schere schnitt er das Gras. Ich dachte, er könnte der Forschungsdirektor des einzigen „Afghanistan Mathematical Center for Metaphysical Research" sein. Nach etwa dreißig Sekunden ging Ralph zu ihm, gab ihm eine kalte Flasche Wasser. Er legte die rechte Hand auf sein Herz und sagte: „Danke." Dann kehrte Ralph zu seinem Platz zurück, setzte sich und zündete sich eine Lucky Strike an.

Ich fragte: „Warum benutzt er keinen Rasenmäher?"

„Die Armee gibt keinen. Hier ist der Sprit knapp. Die Fahrzeuge können mit verschiedenen Kraftstoffen laufen, darum nimmt man Diesel. Er bekommt außerdem vierzig Dollar im Monat und muss sich bei seinem Einsatz nicht an einen festen Zeitplan halten. Diese Person ist sehr freundlich und versucht, eine sechsköpfige Familie zu ernähren. Darum geben wir im Büro jedem von uns jeden Freitag fünf Dollar. Dieses Geld übergeben wir ihm, bevor er nach Hause geht. Versuche nicht, mit ihm zu reden. Das einzige Englisch, das er spricht, ist „Thank you". Du wirst auch bemerken, dass er jeden Freitag bei Sonnenuntergang durch das Seitentor geht. Er trägt plattgedrückte Pappkartons, die er aus dem Müllcontainer hinter dem Postamt gesammelt hat. Darauf wird seine Familie in der nächsten Woche schlafen."

„Er sieht aus wie Osama Bin Laden."

„Ja, aber er ist nicht groß genug. Osama ist 1,90 Meter groß. Aber er sieht ihm so ähnlich, dass wir im Büro schon gewitzelt haben, wann ihn jemand aus Versehen erschießen würde.

„Heb sie auf und nimm sie runter!"

Ich schaute nach rechts und sah, wie Don zwei afghanische Menschen anführte. Der eine trug ein Schild mit einem Pfosten und einen Sack mit schnell trocknendem Beton. Der andere hatte zwei Schaufeln, eine Wasserwaage und zwei Liter Wasser in Flaschen dabei. Als sie den Gehweg entlangkamen, ließ er sie im Gleichschritt gehen. Die kleine Gruppe ging weiter auf die Wiese. Don Kommandierte: „Pflanzt sie genau hier ein!" Der Gärtner blickte kurz auf, als wolle er herausfinden, was geschah. Dann entschied er, dass keine Gefahr drohte, und mähte weiter. Don setzte sich auf die Bank.

Ich schaute zu ihm hinüber und fragte: „Was soll das alles?" Zwei Afghan*innen gruben gerade ein Loch für einen Pfosten. Ich schaute auf das Schild, das auf dem Gras lag. Darauf stand: „Nicht schießen! Er ist nicht Osama Bin Laden."

„Das haben die Armee-Ingenieure gemacht. Wir wollen nicht, dass ihn jemand tötet, sonst müssen wir es selbst tun. Das sieht gut aus für meinen Fitness Report. Das Leben eines Bürgers gerettet. Vielleicht gibt es sogar eine Medaille." Wir sahen zu, wie sie das Loch fertig machten und dann einen Eimer Wasser hineinleerten. Don brüllte: „Hey, Scheißkerle! Zuerst kommt der Pfosten, dann rührt ihr den Beton in einem Eimer an und gebt ihn in das Loch!" Ich will, dass der Pfosten senkrecht steht. Ich habe euch gezeigt, wie man eine Wasserwaage benutzt. Benutzt sie!" Wenn der Pfosten korrekt sitzt, hält eine Person ihn dreißig Minuten lang, bis der Beton fest ist!" Er nahm einen Schluck Wasser, schaute zu uns herüber, grinste und sagte: „Irgendetwas muss in diesem Land doch wahr sein."

Der Gärtner konnte kein Englisch lesen. Er ging zum Schild, las es, drehte sich zu uns, legte die rechte Hand auf das Herz und sagte: „Danke."

Nach etwa dreißig Minuten wandte sich Don an sein Team. „Okay, gute Arbeit, Leute. Ihr könnt gehen. Ich rufe euch an, wenn ich mehr Arbeit für euch habe."

Ralph schaute rüber und fragte: „Wie willst du sie anrufen?"

„So, wie man es früher gemacht hat, bevor es Handys gab. Mach das Fenster auf, steck den Kopf raus und schrei sie an."

Wir setzten uns wieder hin. In diesem Moment stürmte ein Major der Armee in den Raum. Er war wütend und hatte es auf Bill abgesehen. Bill arbeitete für einen anderen Auftragnehmer und kümmerte sich um Fahrzeugfragen. Er wollte genau wissen, wie viele Krankenwagen für die afghanische Armee vorgesehen waren. Wir sahen ihn alle an, als wäre er ein Außerirdischer. Stewart saß mit den Füßen auf dem Schreibtisch und las seine Zeitung. Er wirkte völlig unbeeindruckt. Die Katze auf der Fensterbank gähnte, während die Sonne durch das Fenster auf sie schien.

Bill kannte sich mit allen Details der Fahrzeugbeschaffung für die afghanische Armee aus. Er arbeitete für ein anderes Unternehmen als ich, und es gab keine Kleiderordnung für ihn. Er trug Jeans und maßgefertigte Cowboystiefel. Seinen Abschluss in Informationssystemen hatte er an der University of Texas gemacht. Trotzdem arbeitete er in der Fahrzeugbeschaffung, weil seine Vorgängerin bei einem Anschlag getötet worden war. Da Rauchen im Büro verboten war, kaute er Tabak. Immer kauerte er an seinem Platz und spuckte nach etwa sechs Zügen den Tabak in eine leere Cola-Dose.

Bill spuckte ebenfalls in seine Dose und sagte: „Sechsundfünfzig".

Der wütende Major explodierte. „Warum lese ich dann ständig, dass wir einhundertzwanzig Stück bestellt haben? Wie soll ich eine Armee aufbauen, wenn ich nicht die richtigen Informationen bekomme?"

Bill spuckte erneut in seine Dose.

Er kannte die Antwort, wollte das Gespräch aber in die Länge ziehen, weil ihm die Herangehensweise des Majors nicht passte. Wir tranken Kaffee, grinsten uns an und nickten uns zu. Er wollte also im Alleingang die Nationale Armee Afghanistans aufbauen? Nach einer langen Pause senkte Stewart langsam seine Zeitung und sagte ruhig: „Hey, Dickweed. Es gibt zwei Arten von medizinischen Einsatzfahrzeugen für die afghanische Armee. Das eine ist ein Battlefield Response Vehicle, das Verletzte vom Gefechtsfeld rettet. Das US-Militär nutzt solche Fahrzeuge nicht, weil wir Hubschrauber haben. Die Afghanische Armee besitzt keine Hubschrauber. Das zweite Fahrzeug ist ein Krankenwagen, der Verletzte in Sicherheit bringt." Bill hat dir gerade „Sechsundfünfzig" gesagt. Rechne mal nach."

Die Katze leckte sich sechsundfünfzig Mal am Hintern. Bill spuckte in seine Dose. Er lehnte sich in seinem Stuhl zurück. Seine Stiefel stellte er auf den Schreibtisch. Dann schaute er zur Decke und fragte: „Warum klingt das wie etwas, das ich vor zwei Wochen geschrieben habe?"

4

"Nicht Schlafen!"

Einatmen, ausatmen . Streng dich an ... die Sonne sollte bald aufgehen.

Ganz plötzlich kam Colonel Horne durch die Tür gerollt. Er war ungefähr 1,80 Meter groß und diente als Oberst in der Armee. Seine Ausstrahlung wirkte noch imposanter. Er hatte die Citadel absolviert und sprach mit deutlichem Südstaatenakzent. Wir nannten ihn stets Foghorn Leghorn, auch wenn er das nicht wusste. Er hatte dieselbe Statur, dieselbe Körpersprache, denselben Akzent, dasselbe Selbstbewusstsein und sogar denselben Nachnamen. Die Katze rannte wie der Teufel.

„Es freut mich, dass ihr guten Polizisten euch alle so versammelt und einen professionellen Gedankenaustausch führt." Er war auf seiner täglichen Runde und hatte das Gespräch wahrscheinlich von draußen mitbekommen.

Plötzlich kam ein amerikanischer Beamter durch die Tür. „Hey, Leute. Ich arbeite für das Army Material Command. Heute möchte ich prüfen, ob sich das Konzept Configured Loads für die Armee in Afghanistan eignet. Ich habe gehört, dass ihr für die Versorgung zuständig seid. Daher wollte ich vorbeikommen und mich vorstellen." Er war ein pensionierter Warrant Officer der Armee, im Grunde ein hochgeschätzter Master Sergeant, und hatte im öffentlichen Dienst einen gewissen Status erreicht, vermutlich in der Lohnklasse zwölf oder darunter. Er hatte sich offensichtlich einer Schönheitsoperation unterzogen, vermutlich um sich die Tränensäcke unter den Augen entfernen zu lassen. Er sah aus wie eine Eule. Colonel Horne drehte sich um, lächelte und fragte: „Warum haben Sie nicht die Höflichkeit gehabt, in mein Büro zu kommen und sich vorzustellen?"

Bevor der Gast antworten konnte, knallte Stewart die Zeitung auf den Schreibtisch und sagte: „Wir sind keine Versorgungsleute. Wir sind Berater der Regierung von Afghanistan." Ich setzte mich aufrecht hin, stellte die Füße auf den Boden, drehte meinen Stuhl und sagte: „Lassen Sie mich Ihnen helfen. Ich kenne mich sehr gut mit Configured Loads aus."

Dieses Verfahren hat die Luftstreitkräfte der Vereinigten Staaten entwickelt, um medizinische Einheiten direkt vor Ort mit Nachschub zu versorgen. Das System lieferte genau das, was gebraucht wurde, wenn es gebraucht wurde. Die Armee der Vereinigten Staaten brauchte ein paar Jahre, um zu erkennen, dass dies eine gute Idee ist. Wenn eine Person im Feld eine Verteidigungsstellung für zwei Personen errichten muss, muss sie nicht jede Komponente einzeln bestellen, zum Beispiel Stacheldraht, Holzlatten oder Sandsäcke. Es genügt, die Stellung als Ganzes zu ordern. Alles liegt auf einer einzigen Palette. Schnelligkeit und Präzision sind der Schlüssel zum Erfolg. Das hat die Armee bis heute nicht verstanden.

„In Afghanistan ist eine ‚Configured Load' das, was man auf den Rücken eines Kamels laden oder in einen Toyota Pick-up-Truck werfen kann."

„Ha! Ich lasse euch Leute mal mit eurer Fachdiskussion weitermachen. Mr. AMC, kommen Sie zu mir, wenn Sie etwas von diesen guten Beamten gelernt haben."

„Hat jemand eine leere Cola-Dose?"

Etwa zehn Minuten später stürmte ein weiterer Oberst ins Büro. In der Hand hielt er ein Dokument, das die Übergabe von dreitausend Fertigmahlzeiten, wie das US-Militär sie nennt, MREs, an die afghanische Armee genehmigte. Er fragte: „Wer hat das genehmigt?"

Ich schaute auf den Unterschriftsblock und antwortete: „Leutnant Enswim". Ich kannte die Person nicht, wusste aber, dass ein Leutnant sich stark für Waisenkinder in Kabul einsetzte. Ich vermutete, dass dies Stewarts Werk war. Ich wusste auch, dass er sein Leben und seine Karriere riskierte, um ihnen zu helfen. „Vor zwei Wochen hat er achthundert überwiesen." Wir lächelten. Der Leutnant hatte seine zweite Ladung Lebensmittel einwandfrei an die Waisenkinder ausgeliefert. Der Oberst wollte wissen, wo er sich aufhielt. „Ich habe in der Bearbeitungsabteilung nachgesehen, aber dort gibt es keinen Eintrag über einen Leutnant Enswim."

Bill spuckte in seine Cola-Dose und sagte: „Der Typ ist ein logistisches Genie."

Stewart ließ seine Zeitung sinken und sagte: „Aristoteles schrieb: ‚Exzellenz ist keine Tat, sondern eine Gewohnheit.'"

Er schaute zu Bill hinüber und fragte: „Woher bekommt er die Trucks?"

Bill spuckte erneut in seine Dose und antwortete: „Keine Ahnung."

Der Colonel drehte sich zu mir und fragte: „Wo arbeitet er?"

„Ich weiß es nicht."

„Für wen arbeitet er?"

„Wenn ich das wüsste, wüsste ich auch, wo er arbeitet."

Stewart ließ seine Zeitung sinken und sagte: „Ich glaube, Leutnant Enswim steckt in Schwierigkeiten." Dann lächelte er, zwinkerte mir mit dem rechten Auge zu und sagte: „Wenn du ihn finden kannst." Der Colonel stapfte hinaus und knallte die Tür zu.

Tom starrte gebannt auf seinen Bildschirm und sagte: „Jetzt weiß ich, warum er letzte Woche vier Lastwagen ausleihen wollte." Er schaute zu Stewart und zwinkerte ihm zu.

Ich sah mich im Raum um und sagte: „Am Ende des Tages wirst du gemessen werden. Leutnant Enswims Waage neigt sich weiter zu seinen Gunsten."

Bill spuckte in seine Dose und fragte: „Du willst der Bürokaplan sein?"

Ralph schaute zu mir und sagte: „Hey, Mason, lass uns früher gehen. Ich habe genug von diesem Scheiß."

"Nicht Schlafen!"

Nicht aufgeben . . komm schon ... atme ... Gott, tut das weh.

Direkt auf der anderen Straßenseite von Camp Eggers lag ein Parkplatz vor einem Unterschlupf. Wir nannten ihn „Alamo". Auf diesem Parkplatz warteten unsere Vans. Um zu den Fahrzeugen zu gelangen, mussten wir eine belebte Straße überqueren. Der Verkehr war schnell, die Autos fuhren Stoßstange an Stoßstange. Es gab keine Fußgängerüberwege, und selbst wenn es sie gegeben hätte, wären sie nutzlos gewesen. Dort war das Leben nichts wert. Während ich versuchte, eine Lücke im Verkehr zu finden, dachte ich an das Treffen mit einem afghanischen General am Tag zuvor. Er war sehr freundlich, und seine Pflegekräfte servierten gewürfelte Wassermelone und Datteln zum Tee in seinem Büro. Wir sprachen über die anstehenden Angelegenheiten, und das Gespräch wurde schließlich ganz zwanglos. Während unseres Gesprächs erwähnte ich, dass ich an der Universität Architektur studiert hatte. Seine Augen leuchteten auf und er sagte: „Komm mit. Es gibt da etwas, das dich interessieren könnte."

Er rief über die Gegensprechanlage, und wir verließen den Raum durch seinen privaten Eingang. Draußen wartete ein vierköpfiger Sicherheitstrupp, und wir stiegen in sein Auto. Zwei Wachen saßen im Wagen vor uns, zwei weitere hinter uns. Dann fuhren wir in die Innenstadt von Kabul zum Grand Boulevard und parkten auf dem Bürgersteig auf der gegenüberliegenden Seite des Boulevards. Dort lief gerade ein großes Bauprojekt. Dort entstand eine riesige Moschee, die mit jeder Kathedrale in Europa mithalten konnte. Er sagte, die Regierung von Saudi-Arabien finanziere den Bau. Die Architektur des Gebäudes war wunderschön. Während ich das Gebäude bewunderte, legte der General seinen Arm auf meinen und sagte: „Oberst, sehen Sie sich das an."

Der Boulevard hatte vier Spuren und war stark befahren. Ungefähr dreißig Meter weiter versuchte eine Person, die Straße zu überqueren. Er trug traditionelle Kleidung. Er stand wie vor dem Start eines Leichtathletikrennens bei den Olympischen Spielen. Plötzlich hob er sein Gewand hoch und lief los. Sofort erfasste ihn ein Bus. Der General stoppte den Verkehr in beiden Richtungen, und wir gingen zu dem Menschen hinüber. Auf der anderen Straßenseite beobachtete eine Person, die dem Arzt der britischen Armee wie David Niven ähnelte, das Gleiche. Er ging zu dem Mann, kniete nieder, legte seine Hand auf den Hals, hob vorsichtig den Kopf an und untersuchte Arme und Beine. Dann sagte er: „Er ist tot." Sicherheitskräfte zogen die Leiche von der Fahrbahn, damit der Verkehr weiterfließen konnte. Dort bedeutete das Leben nichts.

Ralph und ich schauten in beide Richtungen und überquerten dann vorsichtig die Straße. Dort lag ein Parkplatz voller Kleintransporter. Das auffälligste Merkmal der Transporter war ein Zelt. Zu dem Zelt gehörte ein weißes Fahrzeug. Auf dem Zelt stand in großen Schablonenbuchstaben „UN High Commissioner for Refugees". Wahrscheinlich war es gestohlen worden. Das Zelt stand auf dem Schotter des Parkplatzes, der als unser Fuhrpark diente. Im Inneren lagen orientalische Teppiche. Die Fahrer nutzten das Zelt, um der Sonne zu entkommen, ein Nickerchen zu machen, zu essen oder zu beten, während sie darauf warteten, uns zum „Big House" zu bringen. Wir waren früh dran und sie hatten uns nicht erwartet. Ralph öffnete die Tür des Zeltes. Zwei Fahrer beteten gerade. Ralph brüllte: „Wer von euch Arschlöchern wird mich nach Hause bringen?"

Ich sah Ralph an. „Wenn du so weitermachst, werden sie dich wirklich nach Hause bringen."

„Nee, die kriegen mehr Geld als die meisten Leute in diesem Land."

„Das ist trotzdem kein Grund, ihre religiösen Praktiken zu stören."

„Scheiß auf sie. Ich will zurück und ein Nickerchen machen."

„Ralph, wenn deine Tour vorbei ist, solltest du vielleicht eine Karriere in der Abfallwirtschaft anstreben.

Als wir zum Lieferwagen gingen, stand auf dem Parkplatz ein blauer chinesischer Armeelaster. Er wog eineinhalb Tonnen. Auf der Heckklappe prangten gut erkennbare chinesische Schriftzeichen. Wer weiß, was sie vorhatten. Wir stiegen in den Lieferwagen. Ralph sah weiterhin auf den Lastwagen und sagte: „Ich hatte mal einen tiefgründigen Gedanken."

„Zweimal? Was war es?"

„Ich weiß es nicht. Ich schrieb ihn auf eine Serviette, steckte sie in meine Tasche und vergaß sie dann." Er zündete sich noch eine Lucky Strike an, klappte sein Feuerzeug zu und sprach weiter. „Zwei Wochen später zog ich die gleiche Hose an und ging in die Big Day Bar." Damit meinte er das chinesische Bordell und Restaurant, das nur einen halben Block vom Big House liegt. „Ich fing an zu niesen, zog die Serviette aus der Tasche und pustete etwa ein Pfund Rotz darauf. Die Mischung aus Rotz und Tinte verschmierte, und ich verlor die Serviette. Daraus habe ich gelernt, dass man tiefe Gedanken nicht mit einem Füller auf eine Papierserviette schreiben sollte.

„Schade. Du hättest der nächste Platon werden können."

„Nee, ich bin keine Tunte." Er lehnte sich zur Seite, riss einen Furz und zündete sich eine weitere Zigarette an. Ich glaube, Platon hätte sich das Kinn gestreichelt und über den Sinn von Ralphs Existenz nachgedacht.

„Ralph, hast du schon mal ans Sterben gedacht?"

„Nein, das ist klar. Ich denke eher darüber nach, wann es passieren wird.

„Es wird das nächste Mal sein, wenn du in den Van furzt."

"Nicht Schlafen!"

Das wird schwer, konzentriere dich, atme...

Es war Freitag. Wir gingen zum Frühstück ins „The Goat". Wir wollten dort essen und die Zeit vertreiben, bis der Markt vor dem Tor öffnete. Niemand wusste, wann es soweit sein würde, denn die Händler mussten sich zuerst einrichten und bereit sein, bevor die Armee der Vereinigten Staaten von Amerika die Bombenhunde einsetzte und das Gebiet räumte. „The Goat" war wahrscheinlich der sicherste Ort der Welt, um zu frühstücken. An jedem Tischende standen die üblichen Gewehrständer. Jeder war bis an die Zähne bewaffnet. Wir gingen mit Ralph zur Essensausgabe. Dort rief er mit seiner üblichen lauten Stimme: „Kein Waschbär, der etwas auf sich hält, würde diesen Mist essen!"

„Ralph, das Essen hier ist nicht schlecht."

„Stimmt. „Aber es ekelt mich an, dass das Essen von Leuten zubereitet und serviert wird, die aussehen, als hätten sie zuletzt als Gepäckabfertiger bei Greyhound gearbeitet."

„Vielleicht solltest du darüber nachdenken, in einer Kabine zu arbeiten. Da hast du weniger Kontakt zu Menschen."

„Könnte eine Option sein."

Freitag war unser einziger freier Tag, weil es ein islamischer Feiertag war. An diesem Tag durften wir anziehen, was wir wollten. An den anderen Tagen mussten wir professionell auftreten, weil wir ständig mit der afghanischen Regierung zu tun hatten. Ich traf Ralph. Er trug knielange blaue Jeansshorts, weiße Socken, rote Turnschuhe und ein T-Shirt mit dem Aufdruck „Ich existiere nicht".

Der Markt wurde geräumt, und wir begannen zu stöbern. Ich blieb vor einem Tisch mit Helmen stehen. Der Besitzer versuchte, jeden vorbeikommenden amerikanischen Soldaten davon zu überzeugen, dass es sich um Originalhelme von Dschingis Khans Armeen handelte. Bei genauerem Hinsehen erkannte ich jedoch, dass es sich um Helme der Sowjetarmee aus einem früheren Krieg handelte. An den Seiten waren Metallflügel und andere Verzierungen angeschweißt. Sie sahen gut aus für einen Hollywood-Film, aber nicht echt. Ralph feilschte derweil mit einer verkaufenden Person an einem nahen Tisch.

„Ich habe absolut nicht die Absicht, dir Geld für dieses Stück Scheiße zu geben!" Er feilschte um eine Replik, die als Original einer angeblich fehlenden Pergamentseite der Schriftrollen vom Toten Meer angepriesen wurde. Ich trat näher und fragte: „Ralph, willst du einen Aufstand anzetteln?"

„Nein, wir führen dieses Gespräch seit einem Jahr jeden Freitag. Früher oder später wird er den Preis senken. Es ist ein Test des Willens. Wenn ich ihn nur lange genug unter Druck setze, gibt er nach."

„Willst du es wirklich?"

„Nein."

"Nicht Schlafen." Die Dringlichkeit in ihrer Stimme wurde schwächer.

Nicht aufgeben, atmen, atmen...

Die Verkäufer boten viele verschiedene Dinge an. Einiges war echt, meistens handelte es sich jedoch um Fälschungen. Ein Händler hatte seine Waren direkt am letzten Sicherheitsring vor Camp Eggers ausgebreitet. Er verkaufte antike Gewehre der britischen Armee. Er erzählte den jungen Soldat:innen, die bei ihm einkauften, eine Geschichte. Seinen Worten zufolge waren die Gewehre einst erbeutet worden, als die Briten nach langen Jahren der Besatzung durch den Kyber-Pass abziehen wollten. 1842 hätten die Stämme Afghanistans die Kolonialtruppen vernichtet.

Damals waren britische Gewehre auf dem Patronenlager mit der Krone von England gestempelt. Unter dem königlichen Siegel stand auf jedem Gewehr eine Seriennummer. Jede Person, die ein solches Gewehr erhielt, musste sich die Nummer merken. Bei den Enfield-Gewehren war das Problem, dass die Seriennummern verkehrt herum aufgestempelt waren. Für Menschen, die weder Englisch lesen können noch unsere Zahlen kennen, macht es keinen Unterschied, ob die Zahlen auf dem Kopf stehen oder richtig herum sind. Für sie sieht alles gleich aus.

Als ich den Markt betrat, sah ich eine Gruppe junger Soldatinnen und Soldaten aus den Vereinigten Staaten. Sie kauften ein und hielten die Gewehre in den Händen. Ich blieb stehen und dachte, dass es für diese jungen Menschen das erste Mal in dieser Umgebung sein könnte. Ich wollte ihnen helfen.

„Mögt ihr die?"

Einer von ihnen antwortete: „Ja, sie sind ziemlich toll. Sie sind alt und haben eine Geschichte. Sie sind auch nicht zu teuer."

„Dafür gibt es einen Grund."

„Was?"

„Sie sind nicht echt. Schau dir die Stahlplatte in der Schusskammer an. Das ist ein Schloss. Wenn die Waffennummer verkehrt herum eingeprägt ist und nicht die Stadt in England angibt, in der sie hergestellt wurde, dann wurde sie hier hergestellt. Afghanische und pakistanische Büchsenmacher handelten dabei ähnlich wie ihre amerikanischen Kollegen. Sie recycelten Teile, weil es leichter war, eine Waffe aufzufüllen, statt neue Teile von Grund auf zu fertigen. Auch die Schlösser wurden von Schlossherstellern für Büchsenmacher in Übersee exportiert. Deshalb bestanden sie entweder aus wiederverwerteten Teilen oder konnten wie neue eingebaut werden. Einzig die Schlösser sind britisch, doch selbst die wirken verdächtig. Glaubst du, dass die Krone von England es zugelassen hätte, dass ihre Armee in der Blütezeit des britischen Empires mit derartigen Waffen ausgerüstet wird?"

Der Händler wurde wütend und starrte mich an. Wir sahen uns direkt in die Augen. Ruhig legte ich meine Hand auf den Griff der Pistole in meinem Schulterholster. Er lächelte, drehte sich zu den Soldaten um und sagte: „Okay, ich gebe euch den halben Preis."

"Nicht Schlafen!" Ich wusste nicht, wie lange ich noch durchhalten würde.

Es fühlt sich an, als ob jemand auf meiner Brust steht.

Ich wollte dort eine Weste kaufen, denn in Afghanistan ist eine Weste unbedingt nötig. Dort entdeckte ich einen Händler, der viele verschiedene Kleidungsstücke anbot. Unter anderem führte er Segeltuchwesten. An seinem Stand hingen ungefähr vierhundert identische Westen auf Kleiderbügeln. Jedes Stück war anders groß, doch keine Größe war beschriftet. Ich wollte eine khakifarbene Weste mit vielen Taschen finden. So eine Weste ist praktisch, weil man viele Dinge transportieren kann: Dazu gehören Insektenschutzmittel, Reisepass, Schussprotokolle, Geld, Karten und Munition. Ich bat die Verkaufsperson um eine mittelgroße Weste. Er griff ohne zu zögern in das Regal und hielt mir eine hin. Auf dem Etikett am Kragen stand XXXL. Ich zog sie an. Sie hing wie ein langer Mantel an mir. Ich sagte ihm, dass ich eine mittlere Größe wollte.

Er nahm das Teil, drehte sich um, ging zum Regal, blieb etwa drei Sekunden stehen, kam mit derselben Weste zurück und sagte: „Hier, eine mittlere." Um die richtige Größe zu finden, musste ich alle vierhundert Westen anprobieren, die er ausgestellt hatte. Die einzigen Etiketten, die er den Näher:innen gab, waren nämlich XXXL. Da sie weder westliche Schrift noch römische Ziffern lesen konnten, nähten sie das Etikett einfach ein, egal welche Größe das Kleidungsstück hatte. Ich wollte nicht den ganzen Tag mit Anprobieren verschwenden. Ich bedankte mich bei ihm und ging. Ich erinnerte mich an die vielen Basare, die ich schon besucht hatte, und wusste, dass so etwas dort normal war.

Ich war schon immer von Tintenfässern fasziniert. Sie stehen für Alphabetisierung und Zivilisation. Vor einigen Jahren habe ich begonnen, sie zu sammeln. Ich habe sie in Antiquitätenläden, auf Märkten und in Basaren gesucht. Ich schaute überall, wo ich mich befand, von England über Marokko bis in die Türkei. Das interessanteste Stück fand ich in Marrakesch. Anne und ich schlenderten kurz nach Sonnenuntergang durch den Lärm und die Hektik der Marktstunden. Dann beginnt der Handel, weil sich niemand in die Mittagshitze wagt. An einem Stand schnitzte ein Kunsthandwerker Kamelknochen. Er bot viele Dinge an, doch ein Tintenfass mit zwei Behältern zog meinen Blick an. Es war aus dem Knochen eines Kamelfußes geschnitzt und silberne Bänder hielten es zusammen. Jedes Fass hatte einen silbernen Deckel und war mit einem Schilfrohrstift bestückt, der an der Seite befestigt war. Ich kaufte es.

Der Händler lächelte zahnlos und sagte: „Ich packe es für dich ein, wenn du mir eine Zigarette gibst."

Einatmen .. versuchen ... nicht aufhören.

Ich schlenderte über den lebhaften Kabuler Markt und betrachtete die Waren an den Ständen. Bei einem Händler waren viele Gegenstände aus Messing und Stahl zu sehen. Er bot Bajonette aus Frankreich, England, Russland und von fast allen anderen westlichen Mächten an, die jemals Truppen nach Afghanistan geschickt hatten. Außerdem standen Kerzenständer und Räucherstäbchenhalter auf dem Tisch. Mein Blick fiel auf ein Tintenfass aus Messing, das wie ein Gänseblümchen aussah. In der Mitte saß eine Vertiefung für schwarze Tinte. Jedes Blütenblatt hatte einen eigenen Deckel und konnte eine andere Farbe aufnehmen. Es war eines der ungewöhnlichsten Tintenfässer, die ich je gesehen hatte.

„Wie viel kostet das Tintenfass?"

„Ich könnte es niemals verkaufen. Es gehörte meinem Großvater. Er hat es vor vielen Jahren aus Usbekistan mitgebracht." Ralph verdrehte die Augen und sagte, er wolle zu dem Zelt gehen, das Kleidung verkaufe. Ich drehte mich wieder zum Händler und fragte: „Warum legst du es dann auf den Tisch?"

„Man muss Honig haben, um Bienen anzulocken."

„Nein, hier hast du Scheiße, die die Fliegen anlockt. Wie viel?"

„Zwanzig Dollar der Vereinigten Staaten, ich nehme keinen kanadischen."

Da wurde unser Handel unterbrochen. Über den Lärm des Marktes hinweg hörte ich eine vertraute Stimme ein paar Tische weiter brüllen. Es war wieder Ralph, der hart verhandelte. Er stand in einer Schneiderei, die viele Anzüge für Soldaten genäht hatte, die dann nicht kamen, um sie abzuholen. Der Markt war nur freitags geöffnet. Viele Soldaten zahlten zuerst nur die Hälfte des Preises und versprachen, den Rest bei der Abholung zu bezahlen. Ein paar Tage später mussten sie oft weiterziehen. Die Händler boten nun die Reste dieser Geschäfte zum Verkauf. Ralph wollte eine Sportjacke bestellen. Der Händler wollte seinen Bestand an Hosen mit waagerechten Nadelstreifen reduzieren und empfahl ihm deshalb High Fashion.

„Alles, was ich will, ist ein gottverdammter blauer Blazer, in dem ich mich mit den Arschlöchern treffen kann, die dieses Drecksloch, das du Land nennst, regieren!"

„Sehr diplomatisch, Ralph. Vielleicht solltest du nach Hause gehen."

„Könnte eine Option sein."

Wir gingen weiter. Vier Tische weiter bot ein Händler dasselbe Tintenfass mit Blumenblättern an, das ich zuvor schon gesehen hatte. Ich blieb stehen, betrachtete es und spielte mit den Blütenblättern. Der Händler war aufmerksam und fragte: „Gefällt es dir? Es ist sehr alt. Aus Kasachstan. Es gehörte meinem Großvater."

„Wie viel?"

„Wie kann ich dafür einen Preis nennen?"

„Wie viel?"

Ralph sagte: „Dieser Mistkerl hat wohl jede Person auf dem Subkontinent als Partnerin oder Partner gehabt. Meinst du, sein Name war Stan?"

„Für dich, mein Freund, fünfzehn Dollar."

„Leg es beiseite. Ich komme später wieder."

Nach weiteren fünfzig Metern entdeckte ich das dritte identische Tintenfass. Jetzt wurde es lustig. Ich sah den Händler an und sagte: „Lass mich raten: Es ist sehr alt und gehörte deinem Großvater."

„Ja, er hat es aus Turkmenistan mitgebracht."

Ralph zog eine Lucky Strike hervor und zündete sie an. Er klappte sein Feuerzeug zu, sah mich an, grinste und sagte: „Stanley der Große war sehr beschäftigt."

Weiter versuchen, nicht aufgeben, durchatmen...

Wir machten uns auf den Weg zum Coffee Café und kamen an einem Verkäufer vorbei, der so ziemlich jede bekannte DVD auf dem Boden aufgereiht zur Schau stellte. Nachdem wir eingekauft hatten, saßen wir im Café und hörten zu, wie ein weiblicher Feldwebel einer Gruppe von Soldaten erzählte, dass sie am letzten Freitag auf dem Markt eine DVD gekauft hatte. Es war der Film *Mission Impossible* von Tom Cruise. Ich erinnere mich, dass ich dachte: *"Das passt ja.* Sie fuhr fort zu erklären, dass der Film mit einer hohen russischen Stimme synchronisiert war. Sie erzählte den drei Soldaten, die bei ihr saßen, dass sie kein Russisch sprach, also drehte sie den Film.

"Nicht Schlafen!"
Nicht aufgeben, atmen, atmen...

Ich wollte jeden Morgen schon um drei Uhr aufstehen. Ich freute mich, so früh aus dem Bett zu kommen, weil es die ideale Zeit war, um meine Familie in den Vereinigten Staaten anzurufen. Es war außerdem angenehm dunkel. Neun Stunden Zeitunterschied bedeuteten, dass meine Partnerin zu Hause war. Um sechs Uhr musste ich auf der Arbeit sein. Besonders genoss ich den Gebetsruf aus der nur einen halben Block entfernten Moschee. In der Küche stand eine Kaffeemaschine, die ich am Abend zuvor vorbereitet hatte. Jetzt schaltete ich sie ein und ging ins Bad. Ich öffnete das Fenster über der Dusche, setzte mich auf die Toilette und lauschte der jahrhundertelangen religiösen Erziehung. Während ich dort saß, über den Sinn des Lebens nachdachte und den melodischen Gesängen aus der Moschee lauschte, gingen mir alle islamischen Länder durch den Kopf, in denen ich schon gearbeitet hatte: Marokko, Tunesien, Ägypten, die Türkei und jetzt Afghanistan. Ich war froh, eine richtige Toilette zu haben. In dieser Region ist normalerweise nur ein Loch im Boden vorhanden. Kein Wunder, dass es im Islam nie eine Reformation gab. Es gibt dort einfach keinen Raum für freie Gedanken.

Als ich fertig war, setzte ich mich in den braunen Strandkorb auf der Veranda, trank eine Flasche Wasser und betrachtete die Mondsichel. Über dem Fenster lagen Sandsäcke, die vor Explosionen schützen sollten. Für die Katze, die jede Nacht ihre Runden drehte, waren sie ein beliebter Weg. Schon als kleiner Junge hatte ich eine besondere Zuneigung zu Katzen. Sie konnten gedanklich mit mir kommunizieren, und ich antwortete ihnen laut. Die grau, braun und weiß gestreifte Katze tauchte immer dann auf, wenn man es am wenigsten erwartete, um ihre nächtlichen Geräusche zu machen. Manchmal kaufte ich im Postamt Wiener Würstchen und legte ihr ein paar auf die Sandsäcke. Sie kam wie immer pünktlich. Als sie die Würstchen entdeckte, schnupperte sie kurz und fragte: „Woraus sind die gemacht?"

Ich antwortete: „Ich glaube, das weiß kein Mensch auf diesem Planeten."

„Sind sie gut genug, um sie zu essen?"

„Klar, wenn du hungrig genug bist."

Sie fing an zu mampfen. Während sie kaute, sagte ich, „Ein Händler in Marokko hat mir einmal erzählt, dass Mohammed in Form einer Katze zurückkehren würde."

Sie hatte gerade aufgegessen und putzte sich. Sie hielt inne, hob den Kopf, schaute mich an und sagte: „Das ist möglich."

Dann machte sie eine Pause und sagte: „Das schmeckt wie Taube."

Als sie wegging, fragte ich: „Bist du Mohammed?"

Sie blieb stehen, schaute sich um und sagte: „Das weiß niemand."

Ich setzte mich, trank Wasser aus einer Flasche, rauchte eine Kerottentanne und hörte das leise Rauschen der Generatoren in der Ferne. Ich betrachtete die Mondsichel und sah zu, wie die Wächter des sicheren Hauses ihren Schichtwechsel machten. Ich dachte an die Jahrhunderte der Geschichte, die vor mir lagen.

Plötzlich krachte es in meinem Zimmer, und Ralph stürmte mit seinem Liegestuhl auf den Treppenabsatz. Der Stuhl war ähnlich wie meiner, aus Holz und Segeltuch gebaut. Auf seinem Stuhl war das Segeltuch durch eine Flagge der Konföderierten ersetzt worden. Ich wunderte mich, woher er sie in Afghanistan hatte. Er ließ sich auf den Stuhl fallen und öffnete seine Wasserflasche. Ich schnippte meine Zigarette auf den Parkplatz.

„Was ist los, Ralph?"

„Ich habe über meine Zehen nachgedacht."

„Was hast du herausgefunden?"

„Wenn du keine hast, fällt dir das Laufen schwer. Das Gleiche trifft auf die Daumen zu. Ohne Daumen kannst du keinen Stift festhalten und deine Schuhe lassen sich nicht zubinden. Du kannst auch nicht trampen."

„Ich habe mir nie viele Gedanken über Anhängsel gemacht."

Wir beobachteten die Wachen beim Umziehen. Ich öffnete eine weitere kleine Wasserflasche und nahm einen Schluck.

„Woher kommt das plötzliche Interesse an Zehen?"

„Erinnerst du dich an den Army Corporal aus Mississippi, der auf der zweiten Sicherheitsebene bei Eggers gearbeitet hat und immer ein breites Lächeln hatte?"

„Ja."

„Er war gestern im Einsatz. Ein Raupenfahrzeug überfuhr seinen rechten Fuß. Alle Zehen seines rechten Fußes wurden zerquetscht. Ich habe vor der Arbeit erfahren, dass sie amputiert werden mussten." Er schnippte seine Zigarette auf dem Parkplatz weg, lehnte sich in seinem Stuhl etwas nach links und ließ den lautesten Furz ertönen, den ich je gehört hatte. Zum Glück hatte er den Rauch weggeworfen, bevor es passierte. Ich dachte, sein ganzes Leben war voller Glück. Früher oder später wird die Mischung aus explosivem Gas und Lucky Strikes sein Ende bedeuten.

„Schade. Er erzählte mir, dass er in der Highschool Leichtathletik gemacht hatte. Nach der Einberufung wollte er an die University of Southern Mississippi gehen, Geschichte studieren und sich dort wieder dem Team anschließen. Er war ein Sprinter."

„Jetzt nicht mehr."

Als Ralph das Morgengebet hörte, sagte er, es sei zu lang und zu laut. Ich schaute die Katze an und sagte: „Es ist dasselbe wie bei den Kirchenglocken, nur eine andere Oktave. Wenn du ihre Gebete hörst, dann denke an die Kirchenglocken. Die Leute fragen sich, warum es in diesem Teil der Welt Selbstmordattentäter gibt. Im Bürgerkrieg schmolzen die Südstaaten ihre Kirchenglocken ein, um Kanonen zu gießen. Manchmal verlassen Menschen ihre Religion, weil sie etwas für einen höheren Zweck halten. Ich stand auf und schüttete die Reste meines Wassers auf die einzige Rose, die auf meinem Treppenabsatz blühte."

"Nicht Schlafen!"

"Leben nach einem Gebet. Das ist nicht leicht." ...

An diesem Abend musste ich meine Wäsche waschen. Aus irgendeinem Grund waren keine Hausjungen verfügbar, also beschloss ich, die Aufgabe selbst zu erledigen. Dafür ging ich in den Keller, wo sich die für alle zugängliche Waschküche befand. Ich lud meine Boxershorts, Socken und T-Shirts in die Waschmaschine. Ralph wohnte in einem Zimmer dort unten. Ralph war die einzige Person, die dort unten lebte. Das war eigentlich ganz clever, denn egal, was passierte, er würde es überleben. Ich klopfte an seine Tür. Er antwortete, und eine Rauchwolke strömte aus dem Zimmer. Ralph trug ein hochgeschlossenes weißes T-Shirt und ein altes, scharlachrotes Gewand, das wie aus einem Laden der Heilsarmee wirkte. In der linken Hand hielt er eine schwarze Bibel mit goldener Schrift, aus seinem Mundwinkel hing eine Lucky Strike Zigarette. Er wirkte wie ein Prediger, der gleich im Stadtpark für eine Gruppe von Trinkenden den Sonnenaufgangsgottesdienst abhalten würde. Ich fragte: „Was gibt's, Ralph?"

Er schob mir einen Stuhl hin, ließ sich auf die Bettkante plumpsen und sagte: „Ich lese gerade in der Bibel. Da stehen ein paar ziemlich grausame Sachen drin."

„Warum interessierst du dich plötzlich für die Bibel?"

„Ich habe sie nie ganz gelesen."

Ich zündete mir eine Zigarette an, lehnte mich im Stuhl zurück und fragte: „Hast du etwas gelernt?"

„Nein. Willst du ein Bier?" Er warf die Bibel über seine Schulter.

„Nein."

Er nahm eine Flasche aus dem Kühlschrank und fragte in den Raum: „Wo ist mein verdammter Kirchenschlüssel?" Er fand ihn im Schreibtisch, riss den Deckel ab und nahm einen großen Schluck. Ich musste lächeln. Ich fragte, ob er jemals den Koran gelesen habe.

„Das muss ich nicht. Gleiches Dokument, andere Sprache. Das Alte Testament, meine ich." Er nahm noch einen Schluck Bier, zündete sich eine Lucky Strike an, ließ einen Furz fallen und lächelte. Wir redeten über viele Seiten des Lebens. Sein Hauptaugenmerk lag auf Menschen. Als der Summer für meine Wäsche ertönte, ging ich.

Auf dem Weg nach draußen sagte ich zu Ralph: „Da ist ein Platz für dich. Wir sehen uns morgen früh."

Am nächsten Tag stand ich um drei Uhr in meinen Boxershorts auf dem Treppenabsatz vor meiner Zimmertür. Ich trank eine Flasche Wasser, lehnte mich an die Sandsäcke, die vor dem Fenster gestapelt waren, und wartete. Ich war nie besonders religiös, habe aber großen Respekt vor gläubigen Menschen. Ich wollte mich nicht in ihre religiösen Rituale einmischen und schaute aus dem Schatten zu. Der Gebetsruf erklang im Mondlicht aus der Moschee. Die Wachen breiteten ihre Gebetsteppiche aus, legten die Kalaschnikow-Sturmgewehre daneben und beteten.

Ich setzte mich in meinen Liegestuhl, rauchte eine Zigarette, trank eine Tasse Kaffee sowie eine Flasche Wasser und betrachtete die schmale Mondsichel. Die Katze schnüffelte aufmerksam an der Spitze der Sandsäcke. Am Abend zuvor hatte ich vergessen, zwei Wiener Würstchen herauszulegen.

Die Katze fragte: „Wo sind die Würstchen?"

Laut sagte ich: „Wie kommst du darauf, dass ich welche habe?"

„Weil du einer der wenigen bist, die uns mögen. Wir sind auf deine Freundlichkeit angewiesen."

Ich fragte mich, wie oft sie fraß. Ich ging, um ihr Futter zu holen, und fragte: „Gibt es einen Katzengott?"

Sie antwortete: „Nein, es gibt nur einen Gott. Ich bin ein Teil von ihm."

„Nun, du hast es herausgefunden. Ich komme gleich mit den Würstchen zurück." Am nächsten Tag ging ich zur Aid Station. Seitdem habe ich sie nicht mehr gesehen. Ich hoffe, dass ihr jemand freundlicher Mensch hilft.

"Nicht Schlafen!"

Wir haben die Hälfte geschafft . . einatmen, atmen .

Ich hoffe für mich und alle guten Menschen in Afghanistan das Beste. Andererseits ist die Hälfte dieses Landes mehr als zweitausend Jahre alt. Im Dunkeln erinnerte ich mich an ein Gespräch. Kurz vor meiner Reise nach Afghanistan hatte ich es in San Antonio mit einem Freund geführt. Vor einigen Jahren waren wir gemeinsam in Europa stationiert. Ich war geschäftlich dort und rief sie an. Wir verabredeten uns für ein Frühstück am nächsten Morgen, weil sie zur Arbeit musste. Ihr Name war Annie Bocquit. Sie war wunderschön, lebensfroh und bewegte sich mit einer viktorianischen Würde. Sie war Oberst der Luftwaffe, Ärztin und in der medizinischen Gemeinschaft der Luftwaffe gut bekannt. Sie verkörperte Perfektion und diente ihrem Land als Offizierin. Weil wir uns seit vielen Jahren kannten, durfte ich sie Annie nennen. Für alle anderen war sie Oberst Bocquit.

Ich kannte sie seit vielen Jahren. Ich wusste, dass sie hart arbeitete und sich für ihren Beruf und die Ziele unseres Landes einsetzte. Als sie zu uns kam, trug sie eine waldgrüne europäische Kampfanzuguniform, die sogenannten Battle Dress Uniforms. Weil ich mehr als zwanzig Jahre bei der Luftwaffe gedient hatte, kannte ich diese Uniform seit meinem ersten Tag. Die Anzüge waren schwer und sollten Hitze abschirmen. Sie waren für das kühle europäische Sommerklima und die kalten Winter gedacht. Mich erstaunte es, dass diese Ausrüstung in der Hitze von Texas und im geschützten San Antonio als Dienstuniform diente. Ich lächelte und fragte: „Was hat es mit den BDUs auf sich?"

„Der Stabschef hat beschlossen, dass dies unsere Standarduniform ist, bis der weltweite Krieg gegen den Terrorismus vorbei ist."

„Dann musst du damit rechnen, dass du sie bis zu deiner Pensionierung tragen wirst. Wir können diesen Krieg nicht gewinnen, weil wir einer Idee keine Kriegserklärung abgeben können."

Die Bedienung kam, um unsere Bestellung aufzunehmen. Die Servicekraft nahm unsere Bestellungen auf. Sie wählte das Buffet, ich bestellte Roggentoast mit Traubengelee, eine Scheibe Speck und Kaffee. Ich dachte weiter, „Erinnerst du dich an Präsident Reagans Krieg gegen Drogen? Hat sich dadurch etwas geändert? Als den Verantwortlichen in Washington klar wurde, dass man gegen ein soziales Problem keinen Krieg führen kann, hörten sie einfach auf, darüber zu reden. Kriege werden gegen Nationalstaaten geführt. Terroristen haben keinen. Du kannst Rache üben, aber du wirst niemals ihren Willen brechen. Das Gleiche trifft auf Drogendealer zu. Man kann sie ins Gefängnis bringen, doch das löst das Problem nicht. Amerikanische Menschen wünschen sich für jedes Problem eine schnelle Lösung. Sie wollen die Organisation festnehmen, die die Zwillingstürme zerstört hat, oder Sadams Massenvernichtungswaffen finden. Die vermeintlich einfache Lösung lautet: Man erklärt ihnen einfach den Krieg.

Der Wachmann beendete seine Gebete, hob sein Gewehr auf, und die nächste Person übernahm den Posten. Jahrhunderte der Anbetung zogen an meinen Augen vorbei. Du kannst ihren Willen nicht töten.

Ich saß dort und genoss die Ruhe um halb vier Uhr morgens, als ich Aufruhr auf der Straße hörte. Eine Gruppe von etwa zwölf bis fünfzehn afghanischen Menschen verfolgte jemanden. „Macht das verdammte Tor auf!" Ich wusste, dass es Ralph war. Die Wachen öffneten schnell das Tor, und er stürmte hinein. Draußen vor dem Tor kam es zu einem lauten Austausch. Ich hörte, wie Gewehre durchgeladen wurden. Er kletterte völlig außer Atem auf mein Podest.

„Was zum Teufel sollte das denn?" Ich reichte ihm eine Flasche Wasser. Er atmete schwer. Ich glaube, so schnell war er seit seiner Kindheit nicht mehr gerannt.

„Heiden wissen nicht, was lustig ist."

Er ging durch mein Zimmer und kam etwa fünfzehn Minuten später mit seinem zusammenklappbaren Strandkorb der Konföderierten zurück. Er trug ein Schulterholster mit einer Pistole über seinem Hawaiihemd. Dann sah er mein Hemd an und sagte: „Sieh in deinem nach. Wir erwarten möglicherweise Besuch." Er zündete sich eine Lucky Strike an und klappte sein Feuerzeug zu. Im Mondlicht sah er mich an und lächelte, als hätte er gerade etwas Wichtiges erreicht.

„Ralph, wenn du so weitermachst, nehmen sie dich wirklich mit nach Hause."

„Ha! Das Einzige, was dieses Drecksloch zivilisieren wird, ist ein Sinn für Humor. Dieses Land hat in seiner Geschichte viel erlebt, jetzt braucht es das Lachen, eines der einfachsten menschlichen Vergnügen."

„Eines der grundlegendsten menschlichen Vergnügungen? Gehst du deshalb in dieses chinesische Restaurant? Um zu lachen? Hast du jemals den Ausdruck ‚sich zu Tode lachen' gehört?"

Er zündete sich noch eine Lucky Strike an, blies eine Rauchfahne in den Himmel und fragte: „Schon mal an Exorzismus gedacht?"

Ich nahm einen Schluck Kaffee und fragte: „Trainieren? Meinst du, so wie von einer wütenden Meute um den Block gejagt zu werden?"

„Nein. Ich spreche von der Beseitigung böser Geister."

„So, als wäre man von einem bösen Geist besessen?"

„Ja."

Ich nahm noch einen Schluck, paffte an meiner Zigarre und fragte mich, was er in dem chinesischen Restaurant und dem Bordell erlebt hatte. Diese Erlebnisse hatten ihn sichtlich nachdenklich gemacht. „Nein, Ralph. Meiner Meinung nach gibt es keine Besessenheit. Es geht nur um Kontrolle. Das Böse kann niemanden beherrschen. Wenn das Böse dich besucht, hast du die volle Kontrolle darüber. Stell dir das Böse wie einen ungebetenen Gast vor, der vor deiner Tür steht. Du kannst die Person höflich zur Tür begleiten. Wenn das nicht hilft, sagen: „Verpiss dich!" Wir saßen ein paar Minuten im Dunkeln und rauchten. Als ich an das chinesische Restaurant und den Puff dachte, fragte ich: „Woher kommt dein plötzliches Interesse an Exorzismus?"

„Ich habe mir neulich Der Exorzist auf DVD gekauft, um Erinnerungen zu wecken."

„Deine Collegezeit muss verdammt viel Spaß gemacht haben."

„Die DVD hatte ein paar gute Bilder, aber das Problem war, dass sie mit einer hochtönenden, russischen, komischen Stimme synchronisiert war."

„Lass mich raten." Ich nahm einen Zug an meiner Zigarre und blies den Rauch in den Mond.

„Du hast es gedreht."

„Hast du es gehört?"

„Nein. Ich war wahrscheinlich unter der Dusche."

6

"Nicht Schlafen!" Die Krankenschwester sah müde aus. Sie drehte sich um und ging hinaus.

Weiteratmen, weitermachen, nicht aufgeben.

Die Sonne ging auf. Ich musste dringend urinieren. An den Behandlungstischen befand sich seitlich ein Becherhalter mit einer halblitergroßen Plastikflasche, die genau dafür vorgesehen war. Ich nahm die Sauerstoffmaske ab, stellte mich links neben das Bett und urinierte. Es fühlte sich an, als würde ich unter Wasser atmen. Der holländische Soldat schaute zu. Als ich fertig war, sagte er: „Bitte helfen Sie mir."

„Was ... brauchst du?"

„Ich muss entleeren."

Ich fand diese Wortwahl interessant, weil er nicht in seiner Muttersprache sprach.

„Sicher, Ich werde dir helfen." Ich fragte: „Bist du Arzt?"

„Nein, aber mein Vater war einer. Er hat mir Englisch beigebracht. Und du?"

„Nein, meine Partnerin ist Ärztin."

Er sah mich mit Schmerzen an und sagte: „Bitte hilf mir."

Ich reichte ihm seine Flasche, während er sich auf den Rücken drehte und „Danke" sagte. Als er fertig war, drehte er sich noch einmal auf den Rücken und sagte erneut: „Danke."

Ich kletterte zurück auf meinen Behandlungstisch und setzte mir die Maske wieder auf. Die Maske drückte, und ich konnte kaum atmen. Ich dachte daran, wie schrecklich es sein muss, so hilflos zu sein. Bald würde ich es am eigenen Leib erfahren. Kurz darauf kam eine deutsche Pflegefachkraft, sah ihn an und gab ihm eine Spritze. Später erfuhr ich, dass Morphium je nach Dosis nur etwa zwanzig Minuten wirkt.

Einatmen, ausatmen . . . Nicht aufgeben, weitermachen . . .

Der Zustand des holländischen Soldaten erinnerte mich an meine Frau. Wir waren auf der Route 1 an der kalifornischen Küste nach Norden unterwegs und hatten südlich von San Luis Obispo übernachtet. Wir luden das Auto in einem wunderschönen Motel am Meer aus. Es stand auf einer Klippe mit Blick auf den Pazifik. Das Motel lag in dichter, üppiger Vegetation, und die Bäume waren beleuchtet. Anne trug Sandalen. Sie trat versehentlich gegen eine dieser Lampen und brach sich den großen Zeh am rechten Fuß. Ich erinnere mich gut an den Schmerz, mit dem sie monatelang zu kämpfen hatte. Ich konnte mir nur ausmalen, wie stark die Schmerzen der Soldaten gewesen sein mussten. Damals ahnte ich nicht, dass meine kleine Hilfe ein Akt der Freundlichkeit sein würde, der mein Leben prägte.

Tief, tief ... einatmen, ausatmen . . .

„Was zum Teufel ist hier los?", brüllte die Person. Es war Colonel Horne, der durch den Raum stapfte. Er ging zwischen meinem Behandlungstisch und dem holländischen Soldaten hindurch. Er sah mich an, während ich nach einer Antwort suchte. „Du musst nicht reden", sagte er. „Ich wollte dir nur sagen, dass du einer der wenigen Luftwaffenoffiziere bist, die ich kenne, der kein Weichei ist!" Ich hob meinen linken Arm, und er drückte meine Hand etwa drei Sekunden lang mit seiner bärengroßen Pfote. Ich nickte und lächelte unter der Sauerstoffmaske.

Er lächelte, drehte sich um, sah den holländischen Soldaten an und sagte in perfekter Foghorn-Leghorn-Manier: „Whoa, Junge! Pass auf, wo du langläufst!" Der holländische Soldat lächelte. Ich bezweifle, dass er jemals von Foghorn Leghorn gehört hat, doch die Zuversicht des Obersten war ansteckend. Im Hintergrund standen zwei deutsche Krankenschwestern und schauten überrascht zu. Ich glaube, es war ihr erster Kontakt mit amerikanischer Freundlichkeit am Krankenbett.

Versuche zu atmen... konzentriere dich...

Nachdem der Oberst weg war, brachten sie mich in die nahe gelegene Notaufnahme, wo ich schon die Nacht verbracht hatte. Das Pflegefachpersonal hatte die ganze Nacht über meine Sauerstoffsättigung überwacht. Sie lag immer noch bei 61 Prozent. Eine Pflegefachkraft setzte mir eine Druckmaske auf, die Luft in meine Lungen drückte. Die Maske saß zu fest, also hob ich sie immer wieder mit dem rechten Daumen vom Kinn. Das Pflegefachteam hatte die ganze Nacht bei mir ausgeharrt und war durch den Stress in Afghanistan zusätzlich belastet. Die Situation wurde für alle leichter, als ich die Maske absetzte. Nach einer langen deutschen Beschwerde sagte sie: „Wenn du nicht leben willst, können wir dir nicht helfen." Das war eine der eindringlichsten Aussagen der ganzen Reise. Dann beruhigten sie sich. Sie wussten, dass ich Deutsch verstand.

Schließlich fragte eine von ihnen auf Englisch: „What is pussy?"

Ich hob zum letzten Mal die Maske und sagte auf Deutsch: „Auf Deutsch ...“ „Pussy heißt Muschi.“

Daraufhin lachten beide und stießen mich spielerisch. Dann kamen zwei europäische Ärzt*innen. Der eine kam aus Italien, der andere aus Slowenien. Die beiden untersuchten mich. Dann stellte der slowenische Arzt am Bett seine Diagnose, ganz wie es europäische Ärzt*innen tun.

„Ich glaube, du bist in Schwierigkeiten.“

Kurz darauf kam unser Programmmanager, um sich nach meinem Zustand zu erkundigen. Danach kam der Oberst der US-Armee, der die Versorgungsstation in Camp Eggers leitete. Der Oberst war stinksauer. Er schaute unseren Programmmanager an und sagte: „Ich habe es so verdammt satt, dass ihr euch selbst diagnostiziert. Wenn dieser Mist so weitergeht, wird noch jemand sterben!“ Damals ahnte ich noch nicht, dass ich selbst dieser jemand sein würde. Ich dachte: „Jemand ist gerade über mein Grab gelaufen.“ Das ist ein deutscher Ausdruck für drohendes Unheil. Wörtlich heißt das: „Jemand ist gerade über mein Grab gelaufen.“ Diese Worte klangen wie eine Prophezeiung, noch bevor ich tot und begraben war, und sie waren eine Vorahnung dessen, was noch kommen sollte.

In der Ferne hörte ich das Geräusch eines Hubschraubers. Es wurde immer lauter. Er kam in meine Richtung. Er landete draußen. Ich dachte, weitere Verletzte würden eintreffen. Mir war nicht klar, dass er für meinen langen Rückweg bestimmt war. Man legte mich vom Behandlungstisch auf eine Feldtrage. Die beiden Pflegekräfte wirkten erschöpft. Zwei schwer bewaffnete Soldaten hoben die Trage an. Gleichzeitig umklammerten die beiden erschöpften Krankenschwestern meine Hände und sagten auf Deutsch: „Gott mit uns.“ Ihre Augen quollen über, und mir wurde endlich klar, dass ich in großen Schwierigkeiten steckte.

„Eins, zwei, drei, anheben!“

Jetzt fiel mir das Atmen wirklich schwer....

Ich wurde zum Hubschrauber gebracht. Meine Waffe und zwei Munitionsclips waren schon vorher abgenommen worden, also nahm ich mein Schulterholster ab und gab es und die Schlüssel zu meinem Zimmer jemandem. Als ich auf der Trage zum Hubschrauber getragen wurde, blickte ich in den wolkenlosen, azurblauen Himmel der Morgendämmerung in Afghanistan. Die Sonne war gerade dabei, über die Berge zu schauen. Ich erinnerte mich an das Buch *"True at First Light"* von Ernest Hemingway. Ich dachte an das Schild, an Dons Lächeln, als wir auf der Bank saßen, und an den Gärtner, der sich mit der rechten Hand über seinem Herzen für etwas bedankte, das er nicht verstand. *"Es muss etwas Wahres in diesem Land geben."* Als ich in den Hubschrauber verladen wurde und die Rotorblätter über mir herumwirbelten, raste mein Verstand nicht, sondern verlangsamte sich. Mein peripheres Sehvermögen veränderte sich von normal links nach rechts zu einem Blick in ein sechs Zoll langes Rohr. Ich erinnere mich, dass ich mich fragte: *Warum passiert das? Es sind doch keine G-Kräfte im Spiel.* Eine Stimme kam zu mir und sagte,

"Doch, die gibt es. Du hast die anderen beiden Buchstaben vergessen."

Versuch ... versuch zu atmen ... gib nicht auf . . pressen!

In diesem Moment wurde alles dunkel. Der achtwöchige Traum begann. Irgendwann während des Fluges vom Camp Phoenix zum Luftwaffenstützpunkt Bagram wurde ich an einen anderen Ort geflogen. Es war mein erster Schritt auf einer epischen Nachtreise durch den Himmel. Ich war auf dem Weg an einen anderen Ort.

Teil Zwei: Der achtwöchige Traum

"Ich habe meine Träume unter deinen Füßen ausgebreitet: Tritt sanft, denn du trittst auf meine Träume."

—W. B. Yeats

Zischen, knallen, schnappen, abbremsen, aufschlagen.

Ich war verwirrt. Ich verstand nicht, was passierte. Es fühlte sich an, als säße ich auf einer Achterbahn. Es gab Steigungen, Abfahrten und waagerechte Strecken mit harten Rechts- und Linkskurven. Die Fahrt wurde immer schneller und stoppte manchmal abrupt. Jede Pause fand an einem anderen Ort statt. Damit ich nicht aus der Trage falle, halten Metallschienen meine Handgelenke fest. Ich konnte mich nicht aufsetzen. Sich zu wehren war zwecklos. Die Fahrt endete, als ich auf dem Parkplatz eines alten Südstaaten-Lebensmittelladens mit einem anderen Wagen zusammenstieß. Ich fragte mich, nachdem ich auf das Schild geschaut hatte: *Wird das der Maßstab meines Lebens sein, auf dem Parkplatz eines Lebensmittelladens zu verenden?*

„Sie fahren uns herum, weil Krieg herrscht und in den Unterkünften keine Betten mehr frei sind. Es gibt viele tapfere Menschen, denen geht es schlechter als uns. Sie verlegen uns von einem Krankenhaus ins nächste. So muss uns niemand aufnehmen und wir ziehen weiter. Das ist ein ständiges Hin und Her."

„Wie lange ... kann das so weitergehen?"

„Bis in alle Ewigkeit."

Der Mann neben mir war ein Offizier der Army Special Forces namens Tom Morgan. Ich kannte ihn aus dem Camp Eggers. Ich wusste nicht, wie wir in diese schwierige Situation geraten waren. Ich wusste nicht, wie schwer seine Verletzungen waren, und ich fragte nicht danach. Eine Pflegekraft kam vorbei, um sich um ihn zu kümmern. Während sie sich über ihn beugte, sah ich eine Verbandsschere in ihrer Brusttasche. Als sie weg war, schaute ich Tom an und fragte: „Hast du diese Schere gesehen?"

„Ja."

„Das ist unser Schlüssel, um hier rauszukommen. Wir müssen entkommen. Wir müssen uns überlegen, wie wir an die Schere kommen."

„Da uns beiden die Hände gebunden sind, was schlägst du vor?"

„Ich weiß es nicht. Wir werden es herausfinden. Wir können nicht einfach ... aufgeben." Ich machte eine Pause und sprach weiter. „Vielleicht kannst du es beim nächsten Mal versuchen, wenn sie sich bückt. Ihre Brüste sind groß, deshalb ragt die Schere ab. Sie steckt in der linken Brusttasche. Dreh einfach deinen Kopf, nimm sie in den Mund und nimm sie."

Wir standen vor einer Laderampe. Mir wurde klar, dass dies der Umschlagplatz für unser nächstes Ziel war. Ich blickte in den schwarzen Nachthimmel und sah eine Reihe von Lichtern. Es waren keine Sterne, sondern viel größere Objekte, die sich wirr bewegten wie ein Insektenschwarm. Ständige Bewegung. Ein Ruck ging durch den Wagen, als hätte jemand ein Fahrgeschäft gestartet, und schon waren wir an einem neuen Ort. Auf diesem Teil der Reise wurden Tom und ich getrennt. Ich habe ihn nie wieder gesehen.

Man transportierte mich von einer medizinischen Einrichtung zur nächsten. Ich schwebte zwischen Traum und Wirklichkeit. Manchmal konnte ich alles hören, zu anderen Zeiten befand ich mich an einem anderen Ort. Ich verbrachte die Nacht dort und wurde am nächsten Morgen erneut verlegt.

Plötzlich ruckte es, und alles wurde schneller. Ich schoss durch eine bunte Röhre. Ich schwebte in der Luft und berührte die Seiten nicht. Dann bremste etwas meine Fahrt, und ich prallte dumpf auf. Ich stand barfuß im weichen, tiefen Sand, ähnlich wie an einem Strand, vor einer hüfthohen Steinmauer und blickte auf eine Stadt auf der anderen Seite. Sie war wunderschön. Es gab keine hohen Gebäude. Rosen in allen Farben blühten, und Apfelbäume hingen voller Früchte. Die Häuser leuchteten in dunklen Gelb- und Orangetönen, und die Umgebung war von wunderschönen Grüntönen erfüllt. Sie lud mich ein. Ich war in Versuchung. Eine sanfte Brise streifte mein Gesicht. Diese stillen, ruhigen Momente fühlten sich ganz neu an. Plötzlich war da eine Stimme, die ich nicht hörte, sondern die aus meinem Inneren kam:

"Du wurdest in der Waage gewogen und du bist willkommen."

Ich schaute auf die Stadt, das schwere Atmen war weg. Ich nahm drei wunderbare tiefe Atemzüge, bevor ich antwortete. Ich brauchte nicht zu sprechen, sondern nur zu denken: *"Danke, aber nein... Ich gehe nach Hause."*

Ich drehte mich um und ging zwei Schritte, als die Stimme antwortete:

"Wie du willst."

Ich stapfte durch den tiefen Sand auf dem Weg nach Hause. Dabei fragte ich mich: War das ein Befehl oder eine Herausforderung? Ich dachte: Ist dir schon einmal aufgefallen, dass in den Worten „Wille" und „Hölle" jeweils zwei L stehen? Ich war noch nie vom Konzept der Hölle überzeugt gewesen. Gerade erst hatte ich begonnen, ihre Gemeinsamkeiten und Unterschiede zu entdecken.

Dann tauchte eine junge Person in einem weißen Baumwollkleid vor mir auf. Sie schien nicht auf dem Boden zu stehen, und Jasminduft erfüllte die Luft. Sie fragte: „Hast du eine Ahnung, wovon du da weggehst?"

„Ich verstehe das nicht."

„Lass es mich erklären." Sie stand auf einer großen, glänzend polierten Jadefliese. Sie drehte eine anmutige Pirouette. „Hier ist ein Zustand der Existenz. Es gibt aber zwei. Den zweiten Zustand hast du noch nicht gesehen. Der eine ist das Licht, der andere die Dunkelheit. Man kann aufsteigen oder absteigen. Wer aufsteigt, erlebt eine positive Wiedergeburt, wer abstieg, eine negative. Dir wurde der Aufstieg angeboten. Willst du wirklich umkehren und den anderen, riskanten Weg wählen? Jeder kann in sich zusammenfallen."

„Ich will nach Hause gehen."

„Es ist alles eine Frage des Willens." Sie lächelte charmant. Sie drehte sich um und ging in Richtung Stadt. Ich folgte ihr. Das Stadtlicht durchdrang ihr Kleid und zeigte die anmutigste und schönste nackte Gestalt, die ich je gesehen hatte.

8

Beschleunigung, immer höhere Geschwindigkeit, Verlangsamung. Aufprall.

„Warum trägt diese Person einen Zehentrenner?"

„Wir wollen es dir nur leicht machen. Wenn die Person stirbt, trägst du nur Datum und Uhrzeit des Todes ein und unterschreibst." Ich höre das Zischen der Lüftung, dazu Klopfen, Klirren und Rufe im Hintergrund.

„Zieh es aus! Du bist noch zu neu, um zu verstehen, dass die Hälfte unseres Geschäfts darin besteht, Hoffnung zu geben. Du verstehst nicht, dass dieser College-Humor darüber entscheiden kann, ob jemand bei uns bleibt oder abrutscht. Keiner von euch weiß, dass er alles hören kann, was wir sagen. Das Leben ist kein Scherz. Ist er auf die Flucht vorbereitet?"

„Ja, Sir."

„Er wacht auf! Er wehrt sich gegen die Fesseln!"

„Überprüfe den Infusionsbeutel, die Pumpe und das Schlauchsystem."

„Hier ist es. Die Leitung wurde gequetscht." Ich pendelte zwischen Wachsein und Ohnmacht.

Piep ... Piep ... . Piep. Immer wieder hörte ich das Zwitschern eines kleinen Vogels. Piep ... Piep ... Piep. Piep. Meine Sicht war verschwommen, doch ich konnte alles hören.

Ich lag regungslos da und hörte zu, wie drei Personen über mein Schicksal sprachen. Dann kam eine weitere Person und lächelte mich an. Die Trage war festgeschnallt, und in der Ferne rauschte die Brandung. Ein Beatmungsgerät half mir beim Atmen, doch ich roch trotzdem das Salzwasser in der Luft. Die Luft fühlte sich tropisch feucht an. Ich lag auf dem Rücken und starrte eine Straßenlaterne an. Um das Licht kreisten viele schnelle Punkte.

„Er ist offensichtlich fehlgeleitet worden. Wir können hier nichts ausrichten. Hat er sich für die nächste Mission angemeldet?"

„Ja, Sir." Er beugte sich über mich, legte seine Hand seitlich an meinen Hals und sagte: „Komm schon, Kumpel. Wenn du nicht aufgibst, werden wir nicht aufgeben."

Dann rollte man mich über die Fluglinie zu einem wartenden Flugzeug. Ich roch die Abgase der Triebwerke und hörte das Hilfstriebwerk, das das Flugzeug mit Strom versorgte, bevor der Motor startete. Zwischen meinen Füßen standen ein kleiner Sauerstofftank und ein tragbares Beatmungsgerät.

„Seine Füße sind schwer. Drei auf jeder Seite. Eins ... Zwei ... Drei." . „Anheben!" Anheben!"

Ich wusste nicht, ob ich träumte oder ob es Wirklichkeit war. Man trug mich die hintere Rampe eines Frachtflugzeugs hinauf. Meine Sänfte wurde an senkrechten Ständern festgemacht, die in der Mitte des hinteren Frachtraums standen. Es klirrte und knallte, überall herrschte Trubel. Ich konnte zwar nichts sehen, aber ich wusste, was geschah, denn ich diente bei der Luftwaffe. Ich hörte, wie die Spindelhubgetriebe die Rampe hinter mir schlossen. Dann heulten vier Düsentriebwerke nacheinander auf. Ich spürte, wie die riesige Maschine vibrierte und sich bereit machte, meinen Körper in die Luft zu schleudern. Die Bewegung begann mit verstärktem Rumpeln der Düsentriebwerke, einer kurzen Vorwärtsbewegung, einer Pause, einem erneuten Anlauf und schließlich einem Ausbruch von

Lärm und Geschwindigkeit. Ich hing an einem Beatmungsgerät und verlor immer wieder das Bewusstsein.

Vor mir lagen zwei weitere Personen. Die eine Person, eine Soldatin, hing ebenfalls an einem Beatmungsgerät. Neben ihr saß eine andere Person, ein Soldat, der an Nierenversagen litt. Im vorderen Teil des Frachtraums saßen außerdem etwa zwanzig ambulante Patientinnen und Patienten mit verschiedenen Kriegsverletzungen auf Klappsitzen. Nach dem Abheben hörten die Vibrationen sofort auf. Dann folgte eine Beschleunigung, die sich wie ein Aufstieg anfühlte.

Kurz nach dem Start übertönte das Donnern der Triebwerke alles, doch ich vernahm trotzdem ein Geschrei aus dem hinteren Bereich.

„Wir haben hier hinten ein Problem!"

„Heb ihren Kopf hoch!"

„Ich schaffe es nicht allein!"

„Du musst noch ein bisschen höher greifen!"

9

Beschleunigung, immer höhere Geschwindigkeit, Verlangsamung. Aufprall.

Ich saß in einem steingewölbten Raum an einem schweren Mahagonitisch. Die Platte war drei Zentimeter dick. Ich arbeitete als Auftragnehmer des Kardinals für Lehre und Politik in afrikanischen Angelegenheiten. Meine Aufgabe war es, die Kirche mit internationalem logistischem Fachwissen bei den laufenden Hilfsaktionen in Afrika zu unterstützen. Die Insel in der Adria war der Sitz eines Kardinals. Man wies mir den einzigen freien Tisch zu. Dieser Raum diente der Lehre und Politik. Da der Strom ausgefallen war, leuchteten auf jedem Tisch zwei Kerzen. Die gewölbten Fenster standen offen, und die Sonne ging gerade unter.

Ich hörte das leise Plätschern der Adria gegen die Felsen und spürte eine sanfte, salzige Brise, die hin und wieder eine Kerzenflamme zur Seite blies. Eine schwarze Katze lag auf der Fensterbank und wurde von der untergehenden Sonne angestrahlt. Am Ende des Raums sah ich ein Fresko. Darauf saß eine Person mit gesenktem Kopf auf einem großen Felsen am Meer, und langes Haar verdeckte das Gesicht zur Hälfte. Ich erkannte, dass es sich um einen Menschen handelte, doch die Gesichtszüge blieben verborgen. Es war ein menschliches Gesicht, das unter Qualen litt. Die salzige Luft hatte im Laufe der Zeit Spuren hinterlassen, sodass das Bild wie durch einen Nebel verschwommen wirkte. Im Raum saßen drei Mönche und eine Nonne. Sie dokumentierten die Taten eines Ritters, der während des letzten Kreuzzugs sechseinhalb Menschen getötet hatte. Sie hatten Zugang zu den Archiven der Kirche, die alte lateinische Dokumente enthielten.

Obwohl es mich nichts anging, fragte ich: „Wie ist es möglich, eine Hälfte eines Menschen zu sein?" Ich fuhr fort. „Wenn jemandem beide Beine amputiert werden, ist diese Person dann nur noch ein halber Mensch? Wenn er den Gebrauch seiner Arme und Beine verliert, ist er dann ein Fünftel eines Menschen?"

Der Mönch, der neben mir saß, eine ungefilterte italienische Zigarette rauchte und einen Espresso trank, stellte seine Tasse ruhig in die Untertasse und fragte: „Was ist, wenn er seinen Kopf verliert?"

„Dann ist er tot. Aber er bleibt ein Mensch. Sein Geist wird sich woanders entscheiden."

Der Mönch am Türrahmen strich sich den Kinnbart und sagte ruhig: „Er hat recht. Wir müssen verstehen, was Menschsein bedeutet." Er schaute mich an und fragte: „Würdest du einen Entwurf zu diesen Begriffen verfassen, damit wir den Gedanken weiterverfolgen können?"

„Nein." Mein Atem wurde wieder schwer. „Aus zwei Gründen. Erstens bin ich hier als Logistiker in beratender Funktion. Der zweite und wichtigere Grund ist, dass ... Ich bin kein Mitglied der katholischen Kirche. Ich halte es deshalb nicht für angemessen, bei der Ausarbeitung einer katholischen Lehre mitzuwirken, die über viele Jahrhunderte gelten soll. an der Ausarbeitung einer katholischen Lehre beteiligt zu sein, die ein paar hundert Jahre Bestand hat." Ich beugte mich über den Tisch, legte den Kopf in die Arme und rang nach Luft.

Die Nonne kam herüber, legte ihren Arm um mich und fragte, ob es mir gut ginge. Ich sagte ihr: „Ich kann nicht atmen."

Sie klopfte mir zweimal auf die Schulter und sagte: „Es kann sein, dass du gerade die Idee verwirklicht hast, die du gegeben hast."

„Ich glaube nicht ... Es ist ein neues Konzept."

Die Katze auf dem Sims sah auf, stellte die Ohren auf und lächelte. Ein Mönch saß an der Tür. Er zog einen Stuhl über den Schieferboden, zündete sich eine Pfeife an und sagte: „Vielleicht brauchst du, ach, Urlaub. Wenn wir mit dem Schreiben fertig sind, würdest du es nach Bari tragen? Ich werde dafür sorgen, dass dich jemand abholt. Es gibt dort gutes Essen und viele Menschen."

„Ja, das werde ich. Aber jetzt brauche ich erst einmal Schlaf."

Als ich aufwachte, lehnte ich an der Reling eines Zweimast-Segelschiffs. Unter meinem linken Arm lag ein weicher Lederbeutel. Im Beutel steckten etwa zwanzig Pergamentseiten, wunderschön auf Latein geschrieben. Eine leichte Brise wehte von links, und der Kapitän wendete das Schiff. Ich hörte das Schiff aus Holz ächzen und die Takelage leise knarzen. Wir näherten uns dem alten Hafen von Bari. Ich fragte mich, wie die Kapitänin das große Schiff anlegen wollte. Das Schiff war viel zu groß für den kleinen Hafen. Die Segel wurden rasch herabgelassen. Zwei kleine Motorschiffe kamen näher, und der Deckshelfer warf die Leinen aus. So wurden wir zum Dock geschleppt. Nachdem ich das Schiff verlassen hatte, sah ich einen alten schwarzen Citroën mit getönten Scheiben. Eine rauchende Person in Priesterkleidung lehnte an der Fahrertür. Er bemerkte mich und kam auf mich zu.

„Mia scusa. Mister Mason. Ich bin Pater Leonardo. Haben Sie etwas für mich?"

„Ja, die definitive Definition eines Mannes."

Er lächelte und sagte: „Das bezweifle ich. Ich weiß, wer hier auf der Insel ist. Komm mit. Ich bringe dich in ein nettes

Hotel mit einem schönen Café am Wasser. Wir essen ein paar Sardinen und trinken Wein." Wir stiegen ins Auto. Unterwegs fragte er: „Hast du dich über die Bedeutung des Menschen informiert?" Das Auto rollte an. Der Fahrer wusste, wohin er fahren musste. Der Vater hatte alles vorbereitet.

„Nein, das muss ich nicht. Ich bin einer."

Er zündete sich seine Zigarre an, sah zu mir herüber, grinste und sagte: „Profondo."

Wir fuhren die italienische Küste hinauf. Die Straße war schmal und führte direkt am Meer entlang. Die ganze Zeit war das Meer auf meiner rechten Seite. Wir hielten an einem Hotel an, wo man uns wie Würdenträger begrüßte. Nach vielen Umarmungen und Händedrücken wurden wir auf eine Terrasse mit Blick auf das Meer geführt. Dort wartete ein wunderschön gedeckter Tisch mit weißen Leinentüchern, Silberbesteck, Kristallgläsern, Kerzen und Rosen. Bei Vollmond erschien die Adria in spektakulärem Licht. Ich lernte drei weitere Priester und vier elegant, aber leger gekleidete Personen kennen. Im Laufe des Abends erfuhr ich, dass sie Nonnen waren.

Das Hotel gehörte dem Bruder von Pater Leonardo. Die italienische Gastfreundschaft zeigte sich offen, lebhaft und herzlich. Später wurde uns ein siebengängiges Menü serviert. Jede Portion war ungefähr so groß wie eine Tasse. Den Auftakt bildete eine klare Hühnerconsommé, dazu gab es zwei Scheiben Schwarzbrot. Außerdem standen kleine Schälchen mit grünen und schwarzen Oliven in Öl sowie süße Gewürzgurken bereit. Pater Louis, der Priester gegenüber, begann das Gespräch. „Mir wurde gesagt, dass Sie die ‚Definitive Definition eines Mannes' mitbringen würden. Bist du ein Bote?"

„Nein. Ich bin ein Kurier."

„Ein Prophet?" Ich sah, dass ihm das Gespräch gefiel. Er lächelte.

„Nein. Ich bin ein Kurier."

Dann wurde der zweite Gang serviert. Es war Risotto mit Muschelsauce. Das Servicepersonal brachte Stäbchen und legte sie zu jedem Gedeck. Ich sah zu Pater Leonardo auf und fragte: „Warum?"

Er antwortete: „Mein Cousin hat Streit mit dem chinesischen Restaurant an der Küste und stiehlt die Stäbchen jedes Mal, wenn er kann."

„Weiß jemand in Bari, wie man sie benutzt?"

„Nein, aber das ist nicht der Punkt."

Ein Kellner kam und füllte die Gläser erneut mit Wein. Der Wein floss reichlich und wurde nach jedem Gang ausgetauscht. Danach gab es Kalbswürfel in einer Butter-Knoblauch-Sauce. Während wir weiter aßen, diskutierten wir weiter. Pater Louis lächelte und fragte: „Ich habe gehört, dass du auf der Insel warst. Wir haben die Unterlagen bekommen. Ich habe sie zwar gelesen, aber noch nicht ausführlich darüber nachgedacht. Ich würde gern wissen: Was ist deine Definition von einem Mann?"

Während der Gesprächspause wurde der vierte Gang serviert. Es war ein in Würfel geschnittener weißer Fisch, der mit Olivenöl, Knoblauch und Oregano gebacken worden war. Ich nahm ein paar Bissen und dachte über die Last dieser Frage nach. Dann fragte ich: „Fragst du mich nach meiner Meinung über die lange Geschichte der Menschheit oder über unseren heutigen Zustand?"

Er sah mich an, als wollte er gleich explodieren. Mit typisch italienischer Dramatik forderte er: „Ich muss es hören!"

„Okay. Du musst verstehen, dass meine Meinung kulturell geprägt ist. Um auf deine Frage zurückzukommen: Was ist die Definition eines menschlichen Wesens? Heute gibt es kein Wesen mehr. Stell sie irgendwo hin und vergiss sie. Heute sind Menschen wie Pflöcke in einem Brettspiel. Die meisten denken kaum noch über das Leben nach. In Amerika gibt es nur „Monday Night Football" und „Thursday Night Out", als ob man am Donnerstagabend in einer Bar noch jemanden treffen könnte. Die Definition eines menschlichen Wesens war in der Geschichte stets ein langes, lautes Stöhnen. Während des ganzen Gesprächs sagten die Nonnen kein Wort, doch an dieser Stelle lächelten sie. Der neben ihm sitzende Priester, Pater Phillipo, kicherte und sagte: „Wie aufbauend!" Er zwinkerte mir zu. Er aß einen Bissen Fisch, trank einen Schluck Wein und griff nach einer Scheibe Brot. „Du fängst an zu verstehen."

Als nächstes wurden gegrillte Sardinen serviert. Jede war etwa fünfzehn Zentimeter lang, mit rotem Pfeffer bestreut und mit Olivenöl beträufelt. Dazu gab es einen frischen Laib Brot. Alle lächelten. Pater Marco saß neben mir, schaute mich an und fragte: „Wo hast du im Priesterseminar studiert?" Ich war sehr müde und hatte keine Lust auf religiöse Gespräche. „Im Afghanistan Center for Mathematical and Metaphysical Research."

„Von diesem Ort habe ich noch nie gehört."

„Deshalb ist es ja auch so intellektuell anregend. Niemand hat das."

Als sechster Gang wurden gekochte Garnelen in Butter und Safran serviert, dazu sehr dünn geschnittenes, gegrilltes Rindfleisch. Pater Louis nahm einen Schluck Wein und sagte: „Die Kirche hat immer geraten, dass alle Menschen gleich sind, doch ich bin zu einem anderen Schluss gekommen." Er sah mich an und fragte: „Stimmst du mir zu?"

„Ja, bis zu einem gewissen Grad. Ich denke, Lebensentscheidungen und der eigene Charakter unterscheiden die Menschen. Der Charakter beruht im Grunde auf ihrem Willen. Ich messe eine Person daran, wie sie sich verhält, nicht in guten Zeiten, sondern wenn es schwierig wird. Die beiden Schlüsselwörter sind Wahl und Wille."

Zum Schluss gab es einen frischen Salat mit nativem Olivenöl. Der frische Kopfsalat und die in Scheiben geschnittenen Kirschtomaten waren mit geriebenem Käse bestreut. Pater Filippo sah mich an und fragte: „Ist dir schon einmal aufgefallen, dass das Letzte immer das Beste ist?"

Ich antwortete: „Nein. Ich finde, die erste ist die denkwürdigste."

Alle am Tisch lachten.

Pater Filippo nahm einen Schluck Wein und fragte: „Wie viel hattest du mit dem Schreiben des Dokuments zu tun?"

10

Zisch... zisch... knall... schnapp... heftiges Abbremsen, heftiges Aufprall.

Ich lag auf dem Rücken und schaute an die Decke. Im Hintergrund hörte ich das leise Zischen der Klimaanlage. Der Raum war kalt, fast so kalt, dass ich fröstelte. Zwei Pflegekräfte standen mit dem Rücken zu mir an einem Tresen. Ich lag gefesselt auf dem Rücken. Eine Pflegefachkraft kam herein und reichte ihnen einen Zettel. Sie lasen den Zettel und blieben stehen. Sie flüsterten kurz miteinander.

Dann drehte sich eine der beiden um, kam zu mir und sagte mit leichtem westindischen Akzent: „Ich muss Ihnen mitteilen, dass Ihre Freundin Reenie tot ist." Ich war fassungslos. Ich dachte an unsere Tage im College zurück, als wir händchenhaltend durch kniehohes Gras liefen. Ich sah den blauen Himmel mit den weißen Puffwolken vor mir und erinnerte mich an die Schlangen, die auf der Suche nach Sonne aus dem hohen Zuckerrohr herausschlüpften. Ich erinnerte mich daran, wie ich um elf Uhr nachts auf ihrer Verandaschaukel saß. Ich trank Eistee und hörte den tropischen Vögeln zu, die aus Mittelamerika in den Norden zogen, während ich in der tropischen Hitze schwitzte. Hitze und Luftfeuchtigkeit waren so stark, dass jede Umarmung die Hitze noch gesteigert hätte.

Im August 1973 hatte ich Reenie kennengelernt. Toms Vater und mein Vater hatten Anfang der vierziger Jahre ein Zimmer im College geteilt. Zu dieser Zeit wohnten Studierende in Wohnheimen oder Pensionen in der Stadt. Als meine Familie aus Deutschland in die Vereinigten Staaten zurückkehrte, wählten meine Eltern aufgrund der guten Erinnerungen meines Vaters Lafayette in Louisiana. Ich war dort an der Universität eingeschrieben, ebenso wie Reenie. Die Welt ist klein. Wir verstanden uns sofort.

Unsere Familien trafen sich zum Krabbenfischen und zum Langustenessen. Sie zeigte mir, wie man mit einem Hühnerhals, etwas Schnur und einem kleinen Fischernetz Krabben fängt. Da ich in Europa aufgewachsen war, kannte ich mich in diesem Teil Amerikas überhaupt nicht aus. Ihre Familie stammte schon seit Generationen von Franzosen ab. Sie selbst war keine Cajun, doch sie zeigte mir die Kultur von Cajun Louisiana.

In meiner Jugend in Europa hatte ich kaum Kontakt zu Amerikanern. Die einzigen, denen ich begegnete, waren Mitglieder der United States Armee, die während des Vietnamkriegs eingezogen worden waren. Ihre Sprache und ihr Slang wirkten sehr lebendig. Mit diesen Erfahrungen im Hinterkopf betrat ich die amerikanische Dating-Szene. Als Teenager in Deutschland hatte ich mein erstes Date. Damals gab es eine klare Etikette. Beim ersten Treffen ging es vor allem darum, sich zu unterhalten und sich kennenzulernen. Beim zweiten Treffen konnte man vielleicht Händchen halten. Beim dritten Date gab es, wenn alles gut lief, ein Küsschen auf die Wange, wenn du deine Begleitung nach Hause gebracht hast. Beim vierten Date gab es endlich einen echten Kuss.

Während wir Langusten und Krabben kochten, bat ich Reenie um ein Date. Sie sagte ja, und wir verabredeten uns für den folgenden Freitagabend. Wir besuchten einige Studentenkneipen außerhalb des Campus. Dort lief gute Musik, alle erzählten tolle Geschichten und es wurde viel gejohlt. Gegen Mitternacht fuhr ich sie nach Hause. Ihr Elternhaus lag auf dem Land. Ihr Vater hatte es gebaut, nachdem er aus dem Zweiten Weltkrieg zurückgekehrt war. Wir fuhren in die

Einfahrt, und man hörte das Knirschen der Reifen auf dem Pflaster. Ich stellte den Wagen ab. Es war Vollmond. Ich hörte zwitschernde Insekten und Papageien aus Mittelamerika, die über ihren Speiseplan diskutierten.

„Ich hatte eine wunderbare Zeit."

„Ich auch."

„Meine Eltern sind nicht zu Hause. Willst du runterkommen?"

Ich erschrak. „Klar."

Wir gingen ins Haus, und sie kochte Kaffee. Der Kaffee war stark. Sie reichte ihn in Bechern und stellte einen Teller mit kleinen Zuckerplätzchen daneben. Als ich den Kaffee ausgetrunken hatte, zeigte sie mir höflich die Tür. Ich stieg in mein Auto und fragte mich: „Was ist gerade passiert?"

Eine Woche später trafen wir uns zum zweiten Date. Wir gingen in eine Studentenkneipe außerhalb des Campus. Sie hieß „The Red Dog Saloon". Nach ein paar Schlucken Bier fragte ich Reenie: „Was bedeutet ‚runterkommen' für dich?"

Sie schaute verwirrt. Ich erinnerte sie an unser letztes Treffen. Sie sagte: „Das ist ein alter Cajun-Ausdruck aus der Zeit, als es noch Pferdekutschen gab. Kam jemand zu Besuch, dann war es höflich, diese Person ins Haus einzuladen. Es bedeutete: ‚Möchtest du von deinem Pferd oder Wagen absteigen und mit reinkommen?'"

Ich erwiderte: „Lass mich dir sagen, was es in meiner Heimat bedeutet." In dem Moment klatschte sie auf die Theke und lachte laut. Ich dachte, sie würde sich vor Lachen in die Hose machen. Ich liebte sie über alles.

Ich lag dort, starrte an die Decke und spürte, wie Tränen in meine Augen stiegen.

„Was ist passiert?"

„Da steht nur, dass sie an Altersschwäche gestorben ist."

„Wie ist das möglich? Sie ist nur vierzehn Monate älter als ich."

„Es ist Gottes Wille."

Ich will mich aufrichten, doch meine Handgelenke sind an den Bettseiten festgebunden. „Bitte binde mich los. Ich will nur in die Kapelle gehen und eine Kerze für sie anzünden", sagte ich.

„Nein, das ist unmöglich. Du kannst es später tun, wenn du bereit bist."

„Bitte. Ich will es jetzt tun, bevor sie mir zu weit voraus ist." Ich wollte mich aufrichten. Sie drückte mich wieder nach unten. „Lass mich gehen. Lass mich beten."

Sie sah zu Boden und sagte: „Dafür ist später noch Zeit."

Trauer und Frustration überwältigten mich, und ich begann zu weinen. Ich wusste nicht, ob es am Verlust eines lieben Freundes oder an meiner Frustration über die Gefangenschaft lag. „Ich möchte nur eine einfache Kerze für ihn anzünden." Viele kostbare Erinnerungen stiegen in mir auf, wie die Waggons eines langen Güterzugs der Southern Pacific, der nachts durch Broussard rollte. Die Waggons folgten endlos aufeinander, genau wie meine Erinnerungen.

Jede Nacht war das Rollen zu hören, obwohl die Gleise meilenweit entfernt lagen. Ich hörte ihn zum ersten Mal, als ich mit Reenie im Bett lag. Es war zwei Uhr nachts. Ich setzte mich auf und fragte: „Was zum Teufel ist das?"

Sie drehte sich um, tätschelte mein Bein und flüsterte: „Das ist ein Geräusch, das ich mein ganzes Leben lang jede Nacht höre. Sie drehte sich wieder um und flüsterte: „Geh wieder schlafen. Es ist nur eine Erinnerung daran, dass du lebst."

Ich dachte an den nächsten Morgen, an das Zwitschern der Vögel, die Bananen und Käfer fraßen, an die aufgehende

Sonne, die durch das geöffnete, vergitterte Fenster schien. Der Ventilator über dem Bett klickte wie der Schlag unserer Herzen. Das Hausmädchen und die Köchin, die seit Jahren für die Familie arbeiteten und Reenie sowie ihre ältere Schwester Mary großgezogen hatten, kamen ins Zimmer.

„Fräulein Renee, Fräulein Mary sagt, es ist Zeit für dich, dich zu bewegen. Deine Eltern werden bald nach Hause kommen."

Reenie setzte sich auf und verkündete: „Sag Miss Mary, sie soll sich um ihre eigenen Angelegenheiten kümmern."

„Oh nein! Ich mische mich nicht in diesen Zickenkrieg ein!" Sie sah mich an und fragte: „Mr. Edmund, möchtest du frühstücken?" Du musst etwas essen, bevor du zur Messe gehst."

„Ja, bitte. Zwei Scheiben gebutterten Toast und Ihren wunderbaren Kaffee."

„Wir haben heute Morgen kein Brot, nur Croissants."

„Dann schneide zwei Stücke ab, toaste sie wie immer und serviere sie mit Butter und Traubengelee." Ich bin gleich in der Küche, sobald ich mit dem Rasieren fertig bin. Übrigens, ich bin nicht katholisch." Sie wechselte das Thema und fragte: „Was passiert, wenn wir keine Traubenmarmelade haben?"

„Dann nehmen wir, was da ist. Gibt es da draußen Bienen?"

„Ja, Sir."

„Dann gibt es auch Honig."

Seine Worte berührten mich so sehr, dass ich feuchte Augen bekam. Die Krankenschwester lächelte. „Du verstehst das nicht. Sie verschwindet nicht einfach, sie will dich mitnehmen. Sie möchte, dass du mitkommst. Wir wissen, dass sie keine Angst hat. Sie möchte nur wieder mit dir durch das hohe Gras spazieren." Ich lag dort und grübelte über ihre Worte. Reenie. Ihr wunderschönes Lächeln, so voller Leben. Ihr scharfer Sinn für Humor. Ihre Zärtlichkeit. Ich sah zur Krankenschwester und flehte: „Ich möchte nur eine Kerze für sie anzünden."

„Tut mir leid. Ich kann dich nicht losbinden." Ich kämpfte, um mich aufzusetzen. Sie drückten mich immer wieder nach unten. Meine Hilflosigkeit machte mich wütend und traurig. Dann gingen sie weg. Ich lag weinend da und dachte an Reenie. Kurz darauf kam ein Sanitäter der Armee. Er hatte ein Handy am Gürtel. Ich erzählte ihm, was mit Reenie passiert war. Wenn ich keine Kerze anzünden konnte, wollte ich Blumen schicken.

Er sagte: „Das wäre eine nette Geste." Er befreite meine Handgelenke, stellte das Bett etwas auf und gab mir sein Handy. Dann sagte er: „Ich bin gleich wieder da." Er kam mit dem Telefonbuch der Gelben Seiten zurück. „Mach es schnell."

Ich rief einen Blumenladen an und bestellte ein Dutzend rote Rosen. Ich schickte sie an die letzte Adresse, die ich von ihr kannte. Das Haus der Familie lag außerhalb von Broussard, es hatte eine knisternde Granateneinfahrt. In der nächsten Nacht kam der Soldat zurück. Ich nutzte sein Handy, um nachzufragen, ob die Blumen angekommen waren. Keine Bestätigung. Ich bestellte einen weiteren Strauß. In der dritten Nacht rief ich an, um die Lieferung zu bestätigen. Wieder keine Bestätigung. Ich gab eine letzte Bestellung auf. Während ich so dalag und an sie dachte, fasste ich den Entschluss zu fliehen, in das schöne Haus zurückzukehren und ihr persönlich mein Beileid auszusprechen.

Ich fuhr durch den Südwesten Louisianas in Richtung des alten Hauses in Broussard. Ich bog in die knisternde Einfahrt ein. Dabei hörte ich das Krächzen einer Krähe, das meine Ankunft ankündigte. Die einzige Person aus ihrer Familie, die noch in der Gegend lebte, war ihre Schwester Mary. Sie arbeitete als Krankenschwester, und ich kannte ihre Schichten nicht. Ich hoffte, sie zu Hause anzutreffen. Ich hielt an und stieg aus. Tropische Hitze und hohe Luftfeuchtigkeit legten sich wie eine warme, nasse Decke über mich. Ich stieg die Treppe zum Eingang hinauf und klopfte. Ich erschrak, als ich drei Glasvasen mit verwelkten roten Rosen sah. Ich setzte mich auf die Verandaschaukel und dachte an sie. „Gott segne dich, Rennie."

Ich ging zurück zum Auto und dachte: „Solange ich noch eine Ewigkeit unterwegs bin, sollte ich zur Golfküste fahren und mir das Haus meiner Eltern ansehen." Das Haus stand an der Golfküste von Mississippi. Auch wenn sie nicht mehr lebten, würde mir der Anblick dieses Ortes mit den vielen schönen Erinnerungen eine friedlichere, leichtere Zeit ins Gedächtnis rufen. Danach wollte ich nach Colorado reisen und Reenies Grab suchen. Anne hatte an der Universität von Colorado studiert, vielleicht war sie noch dort, eine logische Überlegung, aber ich war fest entschlossen, sie zu finden. Ich wollte nicht aufgeben.

Als ich vor dem Elternhaus ankam, stellte ich das Auto auf der Straße ab. Das Haus war unbewohnt. Ich ging in den Hinterhof, um den Rosengarten meiner Mutter zu sehen.

Dichtes Unkraut war fast so hoch wie die Rosensträucher. Ein zentraler Punkt zog sofort meine Aufmerksamkeit an. In der Mitte des von Unkraut überwucherten Gartens stand eine wunderschöne, perfekt geformte rosa Rose.

Beschleunigung, immer höhere Geschwindigkeit, Verlangsamung. Aufprall.

Ich saß an einem Picknicktisch im Innenhof eines heruntergekommenen Motels an der Golfküste von Mississippi. Das Motel lag etwa auf halber Strecke zwischen Biloxi und Gulfport. Ich war völlig durcheinander und wusste nicht, wie ich dort hinkam. Das Motel war billig und hatte ungefähr fünfzehn Zimmer. Blickte ich nach Süden, glitzerte die Sonne auf dem Wasser. Links sah ich ein geschlossenes Diner. Neben den Tischen standen Verkaufsautomaten. Ich kaufte mir eine Tasse schwarzen Kaffee. Ich hätte gern ein Stück gebutterten Toast dazu. Ich war sehr müde. Immer wieder legte ich den Kopf auf die Arme auf dem Tisch und rang nach Luft. Ich kämpfte darum zu verstehen, was geschah.

Auf einmal hörte ich das laute Donnern von etwa zwölf Motorrädern. Eine Gruppe Bikern kam herein, holte sich etwas aus den Automaten und setzte sich an den Tisch. Eine Person in schwarzer Lederkluft stupste mich am Arm an und fragte: „Glaubst du an die Todesstrafe?"

Ich schaute auf und antwortete: „Ich glaube nicht, dass man daran glauben sollte, aber ich unterstütze sie für diejenigen, die sie wirklich verdient haben."

Sie lächelte und sagte: „Gut. In einer Woche gibt es in Colorado eine Kundgebung für die Todesstrafe. Die Veranstaltung findet in einer alten Luftwaffenanlage statt, wo wir einen Raum gemietet haben. Bitte komm vorbei. Ich denke, du könntest etwas lernen."

„Das ist ziemlich arrogant. Worum geht es denn bei diesem Treffen?"

„Es geht um das Leben. Was es bedeutet. Und um die Folgen unserer Entscheidungen."

Ihrer Kleidung und ihrem Auftreten nach zu urteilen hatte ich nicht mit promovierten Philosophinnen und Philosophen gerechnet. In meinen zweiundfünfzig Jahren auf diesem Planeten hätte ich lernen müssen, dass Neugierde immer Probleme verursacht.

„Klingt interessant. Gib mir das Datum und die Uhrzeit, ich schaue es mir an." Ich wollte einfach wieder normal atmen. Ich legte den Kopf wieder in die Arme und schlief ein.

Beschleunigung, immer höhere Geschwindigkeit, Verlangsamung. Aufprall.

Ich ging auf den Eingang einer stillgelegten Anlage der Luftwaffe in Colorado zu, die aus der Zeit des Kalten Krieges stammte. Dort saß Annie Bocquitt auf einer Bank. Sie nippte an einem großen Glas Eistee. „Du willst da nicht reingehen", sagte sie ruhig. Sie schaute auf ihr Getränk und drückte mit dem rechten Zeigefinger eine Zitronenscheibe in das Glas.

„Doch, das will ich. Ich bin neugierig. Außerdem habe ich ihnen ein Versprechen gegeben."

„Wie du willst." Sie lächelte, schaute auf und sagte: „Vergiss nicht, dass mehr Katzen durch Neugierde getötet wurden als durch natürliche Ursachen." Ich drehte mich um und ging zum Eingang. Dort stand eine zwei Tonnen schwere Explosionstür, die komplett offenstand. „Wenn du gehst, wird es sehr schwer sein, dich zurückzuholen, und viele Versprechen sind nicht gut durchdacht."

Ich trat durch das Portal. Dort lehnte ein Captain der Air Force an der Wand. Er richtete sich auf, als er mich sah, und sagte: „Geh da nicht rein."

Ich ging weiter durch den Tunnel. Plötzlich griffen mich vier Angreifer an. Sie zerrten mich in einen Raum, in dessen Mitte ein medizinischer Untersuchungstisch stand. Sie zerrten mich brutal aus der Kleidung, warfen mich auf die Liege und fesselten meine Hände an den Seiten. Dann zwangen sie meine Füße in die Steigbügel und sicherten sie. Sie schmierten Schmiermittel auf meinen Anus und meine Hoden. Zwei von ihnen zogen sich aus. Ihre Geschlechtsorgane waren halb erigiert. Der eine hatte einen sehr großen Penis, der andere einen viel kleineren. Der kleinere war bereits vollständig erigiert und begann als Erster. Ich protestierte und flehte, er solle aufhören. Er lächelte und sagte: „Halt die Klappe und lerne." Er stöhnte laut und zog sich zurück. Er stand etwa zehn Sekunden lang da, melkte seine Erektion, lächelte, drehte sich zu dem anderen mit dem viel größeren Glied um und sagte: „Ich habe ihn für dich vorbereitet."

Der Größere stieg auf und führte sich gewaltsam ein. Ich flehte ihn an, aufzuhören. Ich schrie: "Gott, bitte mach, dass sie aufhören!" Der Stoß wurde immer heftiger, immer stärker und tiefer. "Er ... stößt ... kann ... nicht ... stoßen ... helfen . stoßen ... dich .... stroke . . . now . . . stroke . . . the . . . stroke . . . only . . . stroke . . way . . . stroke . . . this . . . stroke . . will . . . stroke . . end . . . stroke . . . is . . stroke . . . when . . . stroke . . . you . . streicheln . . sub . . . streicheln . . mit . . . streicheln . . zu . . stoßen . . mein . .... zuschlagen . . . wird! Aghaa!" Er blieb eine gefühlte Ewigkeit in mir drin. Ich spürte, wie er pulsierte und als es nachließ, zog er sich schließlich zurück.

Die beiden standen zwischen meinen gefesselten Beinen. Sie streichelten sich gegenseitig die Hoden. Der größere von ihnen sagte: „Du hast zehn Minuten Zeit, dich zu entscheiden. Wenn ich wiederkomme, dann mit einem größeren Freund." Er grinste, drehte sich um und ging weg. Er blieb stehen, drehte sich um und sagte: „Wenn du dich ergibst, wirst du auf der anderen Seite stehen." Er grinste und sagte: „Abgesehen von bestimmten heterosexuellen Situationen ist es besser, zu geben als zu nehmen."

„Ich werde mich nicht unterwerfen."

„Doch, das wirst du." Er hielt seinen langen, dicken Penis hoch. „Er wird bereit sein."

Ich versuchte, benommen auf die Decke zu starren. Ich dachte an meine Kindheit, als mein Bruder mir das Vaterunser beibrachte. Ich begann zu beten: „Unser Vater, der du bist im Himmel, geheiligt werde dein Name ..."

„Ich bin Kapitän Roberts." Er flüsterte eindringlich. „Ich arbeite für Colonel Boqcuit. Er hat mich geschickt, um dich hier rauszuholen." Er sprach weiter und schnitt gleichzeitig die Fesseln an Händen und Füßen durch. Er reichte mir zwei Bündel Toilettenpapier und sagte: „Zieh dich schnell an! Du musst sofort verschwinden, bevor sie merken, dass du weg bist." Mir wurde klar, dass er der Hauptmann am Eingang gewesen war. Wir gingen hinaus. Die Oberstin saß noch auf der Bank, trank ihren Tee und las eine Zeitung. Sie schaute auf, lächelte und fragte: „Hat dir das gefallen?"

„Nein."

„Wenn wir dir das nächste Mal sagen, dass du etwas nicht tun sollst, und du die Wahl hast, dann tu es nicht."

„Wo ist Anne?", fragte ich, immer noch fassungslos.

„Sie ist vor dir."

Ich ging zu meinem Mietauto und fuhr zurück zum Hotel. Zuerst nahm ich eine lange, heiße Dusche. Während der heißen Dusche fragte ich mich, wie ich Anne finden könnte. Mir fiel ein, dass sie an der Trinity University in San Antonio studiert hatte, und ich dachte, Colorado passt nicht. Keine Inserate.

Nichts. Die Idee klang weit hergeholt, doch ich beschloss, dorthin zu fahren und sie zu suchen. Zu diesem Zeitpunkt war ich verzweifelt.

Ich war auf dem Weg nach San Antonio, aber ich war erschöpft und beschloss, in Houston zu übernachten. Nachdem ich eingecheckt hatte, ging ich in die Bar neben der Lobby. Die Bar wirkte sehr edel. Sie war überwiegend schwarz gehalten, hatte blaue Tischdecken und eine Barplatte aus dunklem Granit. Dunkelviolettes Licht erfüllte den Raum, auf Theke und Tischen brannten Votivkerzen. Langsame Laser wirbelten Farben durch den Raum, und leise Musik, wie sie in einem Naturladen läuft, erfüllte die Luft. Ab und zu erklang gregorianischer Gesang.

Die Barperson kam. Die Person trug ein knackiges weißes Hemd und eine schwarze Fliege. Er fragte: „Was kann ich Ihnen bringen, Sir?" Ich bestellte einen Gin Martini ohne Eis, mit einer Olive. Ich wollte nur einen starken Cocktail, eine heiße Dusche und dann schlafen. Ich saß benommen da und versuchte herauszufinden, wo ich war und wie ich dorthin gelangt war. Dann blickte ich nach links. Es fühlte sich fast wie eine Anziehungskraft an.

Dort saß eine Person in einem teuren schwarzen Anzug. Wir schauten uns in die Augen. Er lächelte und fragte: „Bist du schon schwanger?" Ich schaute ihn erstaunt an. Ich dachte, er sei betrunken.

„Ich muss gestehen, dass du von allen Personen, die ich anzuwerben versucht habe, zu den unterhaltsamsten gehörst. Das Flehen gibt mir einen großen Kick. Die meisten gehen freiwillig." Ich stellte mein Glas ab und sagte: „Verpiss dich, bevor ich dich umbringe." Er warf den Kopf zurück und lachte. Dann nahm er einen Schluck, wischte sich mit dem Handrücken den Mund ab und sagte: „Nein, das wirst du nicht. Das ist unmöglich, denn ich bin schon seit ein paar tausend Jahren tot. Was mir Spaß macht, ist, mit den neuesten Trends Schritt zu halten. Die alten, Mord, Prostitution, Homosexualität,

sind zu jedem Zeitpunkt der Geschichte eine Institution."
Er schmunzelte und sagte weiter. „Was mich amüsiert, sind
die neuen Trends wie Crack und AIDS, Rap und Hip-Hop.
Sogar diese Heavy-Metal-Scheiße, die sie Musik nennen,
‚Highway to Hell‘." ‚Highway to Hell‘. Diese Unterschicht
ahnt nicht, worauf sie sich einlässt. Ich begrüße das." Mit einem
beängstigenden Lächeln fuhr er fort. „Was mich amüsiert, ist zu
sehen, wie kreativ Menschen bei ihren Methoden des Abstiegs
sein können. Das gleicht dem Angeln. Man muss nur einen
appetitlichen Wurm anbieten, schon beißen Menschen zu, ohne
nachzudenken. Die leichten Beute sind jene, die am Boden nach
Nahrung suchen. Jugendliche mit Tattoos und gestohlenen
Goldketten, die glauben, dass Rap, Hip-Hop und Heavy Metal
ewig bestehen, gehören dazu." Er grinste. „Für sie wird es das.
Sie sind zu dumm, um zu verstehen, Ich schreibe die Lieder.
Wenn ich sie erst süchtig gemacht habe, gehören sie mir." Ich
schaute ihn angewidert an und sagte: „Du bist eine der wenigen
Seelen, die ich getroffen habe, die reines Böse verkörpern. Ich
würde mich lieber von Brahms langweilen, als von Faust gefickt
zu werden."

„Genau das meine ich ja. Die meisten Menschen wählen
Faust. Am Ende geht alles gut. Ich habe eine Quelle gefunden,
mit der ich einen Vergnügungspark für die Ewigkeit bauen
kann."

„Einen Vergnügungspark?"

„Nicht ihren, meinen." Er pausierte, zündete sich eine
Zigarre an und fragte: „Erinnerst du dich an den Münzwurf in
Kabul? Du hast auf meiner Seite angerufen."

„Du warst dabei?"

„Du Idiot, ich bin immer bei dir, ich bin bei jedem
Menschen."

„Fick dich. Lass mich in Ruhe."

Beschleunigung, Drehung, immer höhere Geschwindigkeit, Verlangsamung. Aufprall.

Ich wartete am Flughafen eine gefühlte Ewigkeit. Ich wollte sehen, wann ihr Flug als „angekommen" angezeigt wurde. Selbst als die Maschine endlich da war, wusste ich, dass noch viel Zeit vergehen würde. Es dauert immer länger, bis alle Passagiere ausgestiegen sind, als bis sie eingestiegen sind. Darum denke ich beim Fliegen oft: Wenn etwas passiert, sterben alle. Bei einer Notevakuierung gibt es immer eine Person, die versucht, ihr übergroßes Handgepäck auf Kosten aller anderen zu retten.

Als klar wurde, dass sie nicht ankommen würde, ging ich zum Helpdesk der Fluggesellschaft, um herauszufinden, ob sie es wenigstens bis zum Flug geschafft hatte. Die Mitarbeiterin wirkte, als hätte sie entweder einen langen Tag oder eine schlimme Beziehung hinter sich. Ich sagte scherzhaft: „Ich habe meine Frau verloren."

„Ist sie eine Tasche?"

„Nicht, als ich sie das letzte Mal gesehen habe." Sie sah wirklich gut aus. Kannst du mir einen Gefallen tun und auf deinem Computer nachsehen, ob sie an Bord war?"

„Nein, dieser Schalter ist für verlorenes Gepäck. Versuch es oben am Check-in-Schalter."

„Vielen Dank. Sie waren sehr hilfreich."

Ich ging eine Etage höher in den Check-in-Bereich. Dort war niemand am Schalter. Deshalb setzte ich mich in einen der drei gepolsterten Sessel, die um einen 1,80 mal 1,80 Meter großen Couchtisch standen. Der Sessel war weich, bequem und passte sich meiner Körperform an. Durchsagen für ankommende und abfliegende Flüge erklangen ohne Pause. Als meine Flugnummer genannt wurde, merkte ich, dass der Flug schon über eine Stunde zuvor gelandet war. Ich wollte aufstehen, doch der Stuhl hielt mich fest. Ich zog stärker, doch der Sitz drückte mich immer wieder zurück. Ich drehte mich zur Seite, um auf den Boden zu rollen. Das misslang. Mir gegenüber saß eine Person, die mir bekannt vorkam. Er lächelte. Er sagte: „Kämpfen ist sinnlos."

„Warum?"

„Weil du hier bist."

„Wo bin ich?"

„Ich sitze in einem Stuhl, der verhindern soll, dass ältere Menschen herausfallen und sich die Knochen brechen. Dann fordere ich vom Flughafen eine Entschädigung für die Bereitstellung unsicherer öffentlicher Möbel." Er grinste und blickte zu einer schlafenden älteren Person in einem anderen Stuhl. „Als ob sie einen Platz hätte, wo sie das Geld ausgeben könnte. Hast du jemals eine Gehhilfe benutzt?"

„Ich verstehe diese Unterhaltung nicht ganz. Ich will nur meine Frau treffen und nach Hause gehen."

„Das wird nicht passieren, bis sie kommt und dir aufhilft."

„Verdammt, das ist frustrierend. Ich will aufstehen!"

„Unterwirf dich, dann ist es vorbei. Deine zehn Minuten sind um." Plötzlich erkannte ich ihn. Er sah zwar anders aus, aber seine Sprache und sein Auftreten waren dieselben.

„Vater unser, der du bist im Himmel ..."

„Würdest du bitte aufhören, das zu rezitieren? Das gefällt mir nicht." Ich schaute an die Decke und fragte laut: „Dieses Gespräch kommt mir bekannt vor. Wie oft haben wir das schon besprochen?" Kommt uns dieses Gespräch nicht bekannt vor? Hatten wir es nicht schon einmal? Warum sollte ich dir entgegenkommen?"

Ich erinnerte mich an das Gespräch mit Ralph auf dem Treppenabsatz. Ich lächelte und sagte weiter. „Es geht um den

Willen. Meiner ist größer als deiner. Soll ich dir lieber sagen, dass du verschwinden sollst?" Ich lächelte und sagte weiter. „In der Bibel gibt es ein Konzept: Was der Teufel zum Verderben will, wird Gott zum Guten wenden."

Ich schaute zur älteren Dame, die auf dem Stuhl neben mir schlief. Sie war verschwunden. Ich drehte mich zu der Person um, mit der ich gesprochen hatte, doch auch sie war weg. Auch der Sog des Stuhls war weg. Ich stand auf, ging fort und versuchte, meine Frau zu finden.

Schnappen, Zischen, Beschleunigung, Schweben im Raum,
Abbremsen: Aufprall.

Ich saß auf einem Rastplatz im Süden von Arizona, nur
etwa fünf Meilen von der mexikanischen Grenze entfernt. Die
Raststätte lag an einer Abzweigung der Interstate und bot Tische
sowie Bänke. Auf dem Tisch vor mir bewegten sich winzige
Kreaturen. Sie waren etwa so groß wie ein Daumen. Ich konnte
nicht erkennen, wo Kopf und wo Schwanz war, weil sie kein
Gesicht hatten. Sie schnappten ständig senkrecht etwa achtzehn
Zentimeter hoch und schlugen Purzelbäume. Dabei hörte ich
ein leises Knacken.

Ich konnte kaum atmen und sah ihnen etwa dreißig
Minuten zu, bis die Nager auftauchten. Sie waren etwas größer
als Eichhörnchen, hatten lange braune Haare und waren
Zyklopen. Am auffälligsten war ihr zyklopisches Auge mitten
auf der Stirn. Sie stürzten sich wild auf die winzigen Kreaturen.
Ich war fasziniert, weil sie fliegende Gegenstände in der Luft
fangen konnten, obwohl sie nur ein Auge hatten. Wie können
sie die Entfernung einschätzen, wenn man nur ein Auge hat?
Eines der Wesen trug ein besonders schönes Fell. Sein Fell wäre
in jedem Modehaus beliebt gewesen. Während es gelassen an
einem der Kleintiere knabberte, sprang plötzlich ein Kojote aus
dem Gebüsch, packte den Zyklopen am Nacken und zog ihn in
die Wüste.

Die übrigen Nagetiere rannten in alle Richtungen davon. Die winzigen Kreaturen hörten auf zu hüpfen. Mir stockte der Atem. Ich beugte mich vor und legte meinen Kopf in meine Arme. Ab und zu hörte ich ein Auto über die Interstate rasen.

„Geht es dir gut?" Der Kojote war wieder da. Er saß mir gegenüber und leckte Blut von seinen Pfoten.

Ich schaute auf und fragte: „Warum hast du das getan?"

Er pausierte kurz und antwortete: „Aus demselben Grund, aus dem er die Poppers gefressen hat. Ich war hungrig." Während er sprach, drehte er den Kopf immer wieder von links nach rechts und schaute über die Schultern. Dann sagte er: „Was mich beunruhigt, sind die Rotluchse und Löwen. Sie könnten ebenfalls hungrig sein. Ein Freund von mir, Manuel, wurde gestern von einem Löwen gefressen."

„Und wer frisst die Löwen?"

„Ich weiß nicht, ob das möglich ist." Er schaute immer wieder über die Schulter, als wäre er ein Krimineller, der der Polizei entkommen will. „Es gibt Tiere, die kann man nicht töten. Du fühlst dich lebendig, wenn du weißt, dass sie immer um dich herum sind." Er schaute immer wieder über beide Schultern. Sein Kopf bewegte sich gleichmäßig wie das Pendel einer Uhr. Wir saßen etwa dreißig Sekunden lang still da, dann sagte er: „Ich bin müde. Ich werde jetzt schlafen."

„Wie kannst du schlafen, wenn du weißt, dass dich etwas fressen will?"

Er sprang auf den Boden, schaute über seine Schulter und antwortete: „Du musst einen Platz finden, den du für sicher hältst, und den Rest dem Schicksal überlassen. Das Gefährliche daran ist, deinen Platz zu finden." Dann drehte er sich um und trottete ins Gebüsch. Ich lehnte den Kopf in meine Arme, atmete langsam ein und aus und dachte an den Kojoten. „Überlass den Rest dem Schicksal." Plötzlich ertönte ein Brüllen, ein hoher Schrei, und das Gebüsch raschelte heftig. Ich blickte auf, und sofort kehrte Stille ein. Ich blickte hoch und sah die hellen Sterne, die am Nachthimmel von Arizona so schön funkeln können. Er hätte sagen sollen: „Überlass den Rest Faith."

Zischen, Zischen, Gefühl der Schwerelosigkeit, Knall, Knall.

Als Reenie jung war, hat sie in einer alten Salzmine eine Kapelle ausgehoben. Einmal nahm sie mich mit. Die Kapelle war ihr ganz persönlicher Rückzugsort. Ein Löwe, der dort lebte, beschützte sie. Es war eine große Wildkatze, die in Louisiana heimisch ist. Die Katze schlief in einem in die Wand gemeißelten Altar. In dem Raum stand noch ein zweiter Altar mit religiösen Bildern.

Als ich die Grotte betrat, erinnerte ich mich daran, wie sie mich vor der Katze gewarnt hatte. „Du kannst sie aus der Ferne bewundern, aber wenn du ihr zu nahe kommst oder versuchst, sie zu streicheln, wird sie dich töten." Während meines Besuchs fiel mir der geschnitzte Altar auf. Auf dem Altar stand eine alte Porzellanstatue der Jungfrau Maria, und um sie herum lagen viele geschmolzene und ausgebrannte Kerzen. Dazu lagen dort die Knochen eines Tieres, das schon vor vielen Jahren gestorben war. Als ich hinüber schaute, stand Reenie dort. Sie war durchsichtig.

Ich erinnerte mich an unseren ersten Besuch und bewunderte das Tier. „Wer füttert ihn?"

„Kojoten."

„Hier gibt es Kojoten?"

„Sie sind überall. Auf dieser Ebene gibt es vier Zustände der Existenz: Es gibt Popper, Zyklopen, Kojoten und Löwen."

„Was ist mit uns?"

„Wir befinden uns auf einer anderen Ebene."

Ich fragte mich: „Lassen sich Ereignisse aus der Vergangenheit mit der Zukunft verbinden?"

Zisch, zisch, schnapp, knall, schnelle Verlangsamung.

Ich saß am Ende eines langen Mahagonitisches. Die Oberfläche war so glänzend poliert, dass ich darin die Spiegelungen der Gemälde an der Wand erkennen konnte. Über der Mitte des Tisches funkelte ein großer Kristalllüster. Ich blickte nach links. Im angrenzenden Raum saßen vier Personen. Sie spielten Karten, tranken Sherry aus Gläsern und rauchten Zigarren. Ich rief, doch sie hörten mich nicht. Ich wollte aufstehen, doch es gelang mir nicht. Eine unsichtbare Kraft presste mich gegen den Stuhl. Die Enge kehrte in meine Brust zurück. Ich lehnte mich nach vorne und stützte meinen Kopf in meine Arme.

„Ich muss zugeben, das war sehr unterhaltsam."

Ich hob den Kopf und sah, dass er am anderen Ende des Tisches saß. Er trug einen blauen Nadelstreifenanzug, ein weißes Hemd und eine weinrote Krawatte. Mit Daumen und Zeigefinger der rechten Hand glättete er seinen kubanischen Schnurrbart. Wieder hatte er kein Spiegelbild. Ich schaute durch den Kronleuchter nach oben. Ich hatte langsam genug von dem Streit.

„Warum ich? Ich habe nichts falsch gemacht."

„Du Tölpel! Ich habe dich nicht wegen deiner Taten ausgewählt. Ich habe dich wegen deines Potenzials ausgewählt."

„Potenzial, um was zu tun?" Ich wurde langsam sichtlich wütend.

„Mein Gebot. Mach dir keine Sorgen, ich stehe dir zur Seite. Ich bin immer bei dir."

Er setzte sich auf den Stuhl direkt links von mir.

„Ich habe dir gesagt, du sollst dich von mir fernhalten." Am liebsten hätte ich ihn umgebracht, aber gleichzeitig wollte ich ihn nicht anfassen. Vom anderen Ende des Tisches lachte er.

„Das wird interessant und amüsant, denn wir werden zusehen, wie sich dein Wille nach und nach verbiegt. Ich kann viele Situationen nutzen, in denen du moralische Entscheidungen treffen musst. Die Summe dieser Entscheidungen wird dich am Ende scheitern lassen. Je stärker dein Wille ist, desto unterhaltsamer wird es sein." Er stand auf, richtete seine Krawatte, glättete seinen Schnurrbart und schob seinen Stuhl zurück. „Nun, ich werde dein Bewusstsein für eine Weile verlassen." Er schmunzelte und sagte weiter: „Ich muss mich um meine Rosen kümmern. Ich werde dich wiedersehen, wenn du es am wenigsten erwartest. Ich suchte nach seinem Spiegelbild auf dem Tisch. Nichts. Ich blickte auf und er war verschwunden.

Was für ein Gefühl ... an der Decke zu tanzen.

„Bleib im Zimmer." Kylie stand neben meinem Bett. Ich war gerade aufgewacht. Ich hatte Kylie seit Jahren nicht mehr gesehen. Ein Sonnenstrahl fiel durchs Fenster und ließ ihr blondes Haar glänzen. In ihren Händen trug sie ein Tablett. Anne war im achten Monat schwanger, und wir waren in Deutschland stationiert. Wir beschlossen, ein Kindermädchen einzustellen. Die Luftwaffe konnte uns jederzeit an verschiedene Brennpunkte im Süden schicken. Ich nahm Kontakt zu mehreren Agenturen auf, organisierte Vorstellungsgespräche und fand schließlich unsere Rettung, Mary Poppins.

„Warum?"

Mit ihrem herrlichen britischen Akzent antwortete sie: „Es könnte gefährlich sein, bis du dich daran gewöhnt hast. Hier ist etwas Kaffee." Der Duft war wunderbar, und auf der Untertasse lagen zwei kleine Zuckerplätzchen mit einem Silberlöffel.

„Gewöhnt an was?"

„Während du weg warst, haben sich die Gesetze der Physik stark verändert."

Ich setzte mich auf und nahm einen Schluck. „Was heißt das?" Sie lächelte sanft und legte ihre Hand auf meine Stirn.

„Es gibt kein Oben oder Unten. Es gibt keinen Schwerkraftschwerpunkt. Jede Fläche, auf der du stehst, wirkt horizontal. Du gehst durch einen Raum und stößt an eine Wand. Wenn du an der früheren Decke ankommst, stellst du deinen Fuß darauf und gehst weiter. Jede Fläche, auf der du stehst, ist ein ‚G'."

„Was ist mit den Kronleuchtern und Gemälden?"

„Sie bleiben an der Stelle, an der sie angebracht wurden. Du siehst sie so, wie du es gewohnt bist. Wenn du an einer Wand stehst, wirken sie seitlich hängend. Genauso verhält es sich mit den Gemälden. Das wirkt zuerst verwirrend, bis du dich daran gewöhnt hast. Ich schlage vor, dass du auf allen vieren herauskriechst, wenn du herauskommen willst. Nach einer Weile wird der Schwindel verschwinden."

„Ist es möglich, hinzufallen?"

Sie lächelte und antwortete: „Ja, das können wir alle, aber du musst daran arbeiten."

"Du bist immer noch willkommen. Dein Willkommensein

hängt von deinen Entscheidungen ab. Das Leben ist gut. Genieße es."

Teil 3: Der Rückweg

Walter Reed Army Medical Center, Washington, D.C. September, 2005

Ein Aufprall.

Ich öffnete die Augen und sah die abgehängte Decke eines Raumes. Ich erkannte, dass ich in einem Krankenhaus auf der Intensivstation war. Ich drehte meinen Kopf nach rechts und sah Anne. Sie fragte: „Hallo, weißt du, wo du bist?"

Ich sah sie an und dachte immer noch, ich würde träumen. Ich flüsterte, weil ein Loch in meinem Hals von der Operation und dem Beatmungsschlauch stammte. Der Tubus war vor ein paar Tagen entfernt worden.

„Nein."

„Du bist im Walter Reed."

„Das ist in Washington, oder?"

„Ja."

Acht Wochen lang war ich klinisch tot und hatte hart darum gekämpft, zurückzukehren. Jetzt schien alles noch wie ein Traum. Ich streckte meine Hand aus. Ich konnte ihre Hand nicht erreichen. Sie nahm meine. Ich konnte nur flüstern: „Mein Gott. Endlich habe ich dich gefunden."

Ein oder zwei Tage später war mein Zustand stabil genug, und man verlegte mich in die Überwachungsstation der Intensivstation. Für mich diente diese Station als Übergang zwischen der Intensivstation und der Station für Herz- und Thoraxchirurgie. Außerdem diente sie als Anlaufstelle für den Rettungsdienst. Ich vermute, sie haben mich dort geparkt, weil auf der Computertomografie Station kein Zimmer frei war oder weil es noch kein verfügbares Personal für mich gab.

Meine Bettreihe bestand aus zehn Betten, die durch einen Vorhang abgetrennt waren. Der Vorhang reichte von der Decke bis etwa einen Meter über den Boden.

Kam ein neuer Patient, erschien sofort ein Arzt und sprach seinen auswendig gelernten Satz über „keine heroischen Maßnahmen". Alle Menschen im Zimmer konnten die Worte mithören. Ich war stark sediert und fühlte mich frustriert über meinen Zustand. Endlich bemerkte mich eine Ärztin.

Ich flüsterte: „Warum sagen Sie ihm nicht einfach, dass er sterben wird, und bringen es hinter sich? Ich kann nicht mehr, ich liege hier die ganze Nacht und muss mir anhören, wie Sie es ihnen behutsam erklären. Wer leben will, schafft das mit eurer Hilfe und eigener Entschlossenheit. In der Zwischenzeit versuche ich, nachzudenken. Euer Elend ist mir scheißegal. Ich habe es geschafft, und sie können es auch. Sag ihnen doch einfach, dass sie überleben können, wenn sie tun, was du von ihnen verlangst, und wenn sie an etwas glauben, statt deine ‚Keine-Heldentaten-Checkliste' zu lesen. "

Er sah mich an, als wäre ich verrückt.

Ich redete weiter. „Ich spare dir viel Zeit. Bringen Sie sie einfach hierher, geben Sie mir die Checkliste, und ich werde sie ihnen vorlesen."

Der Arzt ging. Eine Krankenschwester mit Wurzeln auf den Westindischen Inseln kam zu mir und begann, meine Haare zu bürsten. Mit herrlichem karibischen Akzent sagte sie: „Wir dachten, du hättest mehr gelernt als das. Die schlechte Nachricht ist: Du bist nicht zurück. Du bist erst auf halbem Weg."

Am nächsten Morgen brachte man mich auf die Computertomografie Station. Die Lage wirkte schon etwas besser. Ich hatte ein eigenes Zimmer und das Personal war wunderbar. „Kann ich irgendetwas für dich tun?", fragte die Krankenschwester. Während sie sprach, schrieb sie auf ein Whiteboard neben meinem Bett. Sie notierte den Tag, das Datum und ihren Namen. Ihr Name war Oberleutnant Laura Kriegler. Sie lächelte freundlich und vertraut. In der Luft lag ein herrlicher Jasminduft.

„Ja, bitte eine Tasse schwarzen Kaffee und ein Stück gebutterten Toast." Es war schon lange her, dass ich etwas gegessen hatte.

„Das können wir erst machen, wenn du einen Schlucktest gemacht hast." Sie nahm meine Hand und sagte. „Sei geduldig. Du bist schon so weit gekommen. Du kannst das schaffen."

Ich werde über eine perkutane endoskopische Gastrostomie ernährt. Die Abkürzung steht für perkutane endoskopische Gastrostomie, ein medizinischer Fachbegriff. Dabei handelt es sich um einen drei Achtel Zoll großen, durchsichtigen Kunststoffschlauch, der durch die Haut in den Magen eingeführt wird. Über diesen Schlauch führt mir das Pflegepersonal genug Nahrung zu, damit ich am Leben bleibe. Am Ende der Sonde sitzt eine kleine Knolle, die verhindert, dass sie wieder aus dem Magen rutscht. In den Tagen danach schlossen sich Magen und Haut von außen um den Schlauch. Zum Glück war ich bewusstlos, als die Sonde eingeführt wurde. Bedauerlicherweise war ich bei der Entfernung wach. Auch das war eine interessante Erfahrung. Kurz zuvor hatten die Ärztinnen und Ärzte den Beatmungsschlauch aus meinem Hals gezogen. In das entstandene Loch hatten sie zwar ein Ventil eingesetzt, doch sie fürchteten, ich könnte aspirieren, falls ich nicht richtig schlucken könnte.

„Okay, ich werde geduldig sein. Um das Thema zu wechseln: Ich möchte viel wissen. Was ist passiert, als ich weg war? Habt ihr zum Beispiel das Tier gefunden, oder hat es einfach beschlossen zu gehen?"

„Wovon redest du?"

„Das Tier, das zwischen meinen Waden gehaust hat. Es hatte die Angewohnheit, meine Beine mit seinen Krallen zu kneten. Ich nahm an, dass es entweder eine große Katze oder ein Waschbär war. Ich verstehe nicht, wie jemand das nicht bemerken konnte. Es war pelzig und ziemlich stark."

Sie schaute mich ungläubig an und erklärte: „Was du beschreibst, ist ein Gradient-Sequential-Compression-System zur Vorbeugung von tiefen Venenthrombosen."

„Ich habe keine Ahnung, wovon du sprichst, aber ich schätze, ich muss mir keine Sorgen um Flöhe machen. Was ist mit dem Toast?"

„Auf keinen Fall."

Es war die erste Oktoberwoche. Ich fühlte mich, als hätte mich ein Bus erfasst. In diesem Moment kam eines der negativsten Arschlöcher, die ich je getroffen hatte, zusammen mit einer Gruppe von Menschen, denen es stationäre Medizin beibringen sollte, in den Raum.

„Erlaube mir, dir zu sagen, in was für einer Verfassung du bist. Du hast eine kryptogene organisierende Lungenentzündung."

„Was bedeutet das?"

„Alles, was mit der Lunge zu tun hat, können wir nicht erklären. Dein Lebensstil und dein Arbeitsplatz haben deine Lunge stark geschädigt. Du liegst seit acht Wochen im Koma. Darum kannst du nicht einmal einen Bleistift halten, dich aufrichten oder gehen. Es sind mindestens zwei Operationen geplant. Du musst damit rechnen, etwa sechs Monate hier zu bleiben. Danach wirst du wahrscheinlich für ein Jahr stationär in einer Rehabilitationseinrichtung betreut."

Ich lag in einem Krankenhausbett, das wie eine aufgeblasene Rettungsinsel aussah. Ich konnte mich noch nicht aufsetzen, aber ich konnte meinen Kopf ein wenig drehen. Ein großes Ventil in meinem Hals ermöglichte mir das Sprechen. Ich schaute zu dem Arzt hinüber. Er war Oberst der Armee und hatte einen finsteren Gesichtsausdruck. Hinter ihm stand ein Team von Kolleg:innen, Assistenzärzt:innen, Praktikant:innen und Student:innen. Alle trugen weiße Kittel in unterschiedlichen Längen und sahen mich aufmerksam an, als wäre ich ein Musterfall. Mein erster Gedanke war: Ich habe so hart gearbeitet, um zurückzukommen, warum versucht er, mich zu entmutigen? Meine Krankenschwester, First Lieutenant Laura Crigler, stand mit ihrem vertrauten Lächeln am Fußende des Bettes. Ich dachte: „Ich war nicht acht Wochen lang bewusstlos. Ich war tot. Ich drehte meinen Kopf, versuchte zu lächeln und fragte den Arzt: „Sind Sie fertig?" Es hörte sich nicht nach meiner Stimme an.

„Ja."

„Gut. Lass mich dir erklären, was genau passieren wird: Zwei Wochen vor Thanksgiving." Ich hielt zwei Finger hoch und sagte noch einmal: „Zwei Wochen ... , ich gehe nach Hause zu meiner Familie, meinen Büchern, meinen Katzen und meinem Garten. Ich weiß nicht, was man euch in der Armee beibringt, aber in der Luftwaffe gibt es zwei Grundprinzipien, die tief in uns verankert sind. Das erste lautet: Du gibst nie auf. Ich gehe nach Hause. Ich habe nicht vor, auch nur eine Nacht in einer Rehabilitationseinrichtung zu verbringen. Wenn ich Übungen brauche, mache ich sie zu Hause. Das zweite Ziel lautet: Nach Hause gehen. Sobald es mir besser geht, fliege ich nach Afghanistan zurück und bedanke mich bei allen, die mir das Leben gerettet haben. Wenn du zu diesen beiden Zielen nichts beizutragen hast, brauche ich dich nicht."

„Lehnst du die Pflege ab?"

„Nein. Ich lehne es ab, dass du dich nicht kümmerst."

„Du klingst wütend."

„Nein. Ich freue mich darauf."

Alle Ärztinnen und Ärzte sowie die Studierenden hinter ihm blickten auf den Boden. Unter ihnen war eine Lungenfachärztin, die ich auf dem restlichen, langen Rückweg besser kennenlernen würde. Er sollte sich um meinen Fall kümmern. Der Colonel lehnte ihn ab. Er musste sich um andere Patientinnen und Patienten kümmern, die er entmutigen wollte. Er drehte sich um, trat auf der Stelle und verließ den Raum. Es war, als hätte ich in der Kirche gefurzt. Alle seine Schützlinge folgten ihm wortlos. Schwester Crigler stand weiter am Fußende des Bettes. Sie lächelte. Dieses Lächeln war mir vertraut.

Sie ging zur linken Seite des Bettes und glättete die Laken. Während sie das tat, sagte sie: „Ich sollte dir das wahrscheinlich nicht sagen, aber dieser Arzt ist eines der größten Arschlöcher in diesem Krankenhaus. Er ist ein Oberst, und ich glaube nicht, dass jemand je so mit ihm gesprochen hat."

„Könnte sein. Nach allem, was ich durchgemacht habe, brauche ich keinen Idioten, der noch nie einen Schuss gehört hat. Um zehn Uhr nachts marschiert er hier hinein und versucht heldenhaft, mich zu entmutigen."

„Ich glaube, du wirst hier sehr bekannt sein."

Als sie zur Tür ging, drehte sie sich um und fragte: „Brauchst du heute Abend noch etwas?"

„Nein, danke. Und danke für alles, was du für mich getan hast. Du bist ein Engel."

Sie lächelte, drehte sich zum Gehen und sagte: „Darauf kannst du wetten." Deshalb trage ich Weiß. Meine Aufgabe ist es, dir zu helfen, nach Hause zu kommen."

„Hey Leutnant, was du gerade erlebt hast, war der Beginn einer Willensprobe, die ich unbedingt gewinnen werde." Sie lächelte wie immer und sagte: „Ich wette, das wirst du."

„Bitte mach die Tür nicht zu. Stütze sie mit dem Mülleimer ab. Ich will einfach nicht mehr eingeengt sein." Ich war noch nie klaustrophobisch, doch nach der Fesselung während der Reise macht mir die Vorstellung, eingesperrt zu sein, große Angst.

„Du hast es erfasst."

Der Arzt ordnete an, alle vier Stunden meine Vitalfunktionen zu prüfen. Schlafen war fast unmöglich. Immer wieder stürmte ein medizinischer Techniker mit einem Wagen ins Zimmer.

Er steckte mir ein Thermometer in den Mund, wickelte eine Blutdruckmanschette um den Arm und befestigte einen Sensor an einer Fingerspitze. Das passierte um zehn Uhr abends, um zwei Uhr morgens und um sechs Uhr früh. Um ein Uhr nachts kam zusätzlich der Hausmeister, um den Müll abzuholen. Danach stellte er den Müll wieder an den gewohnten Platz, und die Tür fiel zu. Ich drückte den Rufknopf der Schwesternstation und bat darum, jemand würde die Tür öffnen.

Um 5:30 Uhr kam ein weiteres Team mit einem mobilen Röntgengerät, um die tägliche Röntgenaufnahme der Brust zu machen. Die Aufnahmen sollten für das medizinische Fachpersonal bereit sein, sobald es die Schicht antrat. Es fühlte sich an, als würde ich am Frankfurter Bahnhof versuchen zu schlafen. Ich dachte kurz, in Afghanistan zu sterben wäre einfacher gewesen. Doch ich erinnerte mich immer wieder an meinen Vorsatz: „Wie du willst."

Am nächsten Morgen, nach der täglichen Röntgenaufnahme der Brust, kam ein anderer Arzt. Er sagte, „Ich bin Doktor Jordan. Ich bin Assistenzarzt in der Psychiatrie. Ich dachte, ich komme mal vorbei und schaue, wie es Ihnen geht."

Ich dachte: „Blödsinn! Ich muss diesen Colonel gestern Abend wirklich verärgert haben. Als der Arzt später in sein Büro zurückkehrte, rief er sofort die Psychiatrie an. So hatte noch nie jemand mit ihm gesprochen.

„Ich bin nicht gerade bei bester Gesundheit, aber sonst geht es mir gut."

„Was sind deine Ziele?"

Nur um ihn zu verärgern, sagte ich: „Zu entkommen."

„Wovor fliehen?"

„Von hier."

Er ging genau wie die Ärztin am Abend zuvor. Er fragte, wie schlecht es mir ginge und was auf mich zukäme: ein längerer

Krankenhausaufenthalt, körperliche Rehabilitation und so weiter. Ich hörte ihm etwa drei Minuten zu, dann beendete ich seinen Monolog. Ich hob die rechte Hand mit der offenen Handfläche nach vorn und strich zweimal über mein rechtes Ohr.

Im Islam gibt es einen interessanten Aspekt. Egal, welche Sprache oder welchen Dialekt du sprichst: Körpersprache ist im Islam wichtiger als in vielen westlichen Kulturen. Ich vermute, dass diese Praxis in der Zeit vor Jahrhunderten entstanden ist, als der Handel entlang der Seidenstraße persönliche Begegnungen ohne Übersetzer erforderte. Diese Geste wird in fast der ganzen islamischen Welt verstanden. „Meine Ohren sind voll, hör auf zu reden, ich will nichts mehr hören."

Meine Frau sagt oft, dass ich herablassend wirken kann. Darum wollte ich mich wirklich zusammenreißen. Ich hatte genug von sogenannten Fachleuten, die mich eigentlich heilen sollten, aber nur meine Motivation schwächten. Sobald ich die Handbewegung machte, unterbrach er sein Gespräch. Er sah mich an, als wäre ich ein zukünftiger Bericht, den er später vorstellen würde.

Ich lächelte ihn an und sagte: „Ich hasse es, mich zu wiederholen, besonders wenn es um wichtige Dinge geht. Aber weil du ein ziemlich anständiger Kerl zu sein scheinst, werde ich es noch einmal tun." Schwester Crigler stand lächelnd am Fußende des Bettes und hörte alles an. In diesem Moment hielt sie sich die rechte Hand vor den Mund.

„Zwei Wochen vor Thanksgiving gehe ich nach Hause. Wenn du meinen Arsch mit der Infusionsstange und dem begehrten Walter-Reed-Pyjama und dem Bademantel die Georgia Avenue entlanglaufen siehst, dann weißt du, dass es zwei Wochen vor Thanksgiving ist. Ich brauche keine psychiatrische Hilfe." Ich sah meine Krankenschwester an und sagte weiter. „Was ich brauche, ist ein Vanilla Boost mit dreihundertsechzig

Kalorien, denn ich habe vor, mir ab heute wieder das Aufstehen beizubringen."

„Wenn du das machst, wirst du dich wahrscheinlich übergeben."

„Nun, wir waren beide auf dem College. Ich vermute, es wäre für uns beide nicht das erste Mal."

Als er gehen wollte, kam Leutnant Crigler mit einem Vanilla Boost zurück. Ich bat ihn, den Deckel aufzuheben, weil meine Hände zu schwach waren. Ich wusste, dass schon das Stehen anstrengend werden würde. Sie sagte: „Du musst vorsichtig sein. Du wirst noch den Ruf bekommen, dass du Leute aus dem Raum wirfst, die dir helfen wollen."

Ich antwortete: „Oh nein. Ich würde nie jemanden rausschmeißen, der mir helfen will. Ich werde nur diejenigen hinausschmeißen, die mich entmutigen wollen oder mich länger hier behalten möchten als nötig. Zwei Wochen vor Thanksgiving."

„Okay. Weißt du, ich komme aus Pennsylvania. Als ich aufwuchs, feierten wir jedes Jahr unsere Herbstfeste." Während sie sprach, faltete sie das Laken zusammen. Jetzt wurde mir klar, dass sie versucht hatte, mich abzulenken. Mir war ein Katheter in die Harnwege gelegt worden. Es war Zeit, ihn entfernen zu lassen. Leutnant Crigler erklärte mir die Einzelheiten des Vorgangs. Da ich noch nie einen Katheter gehabt hatte, nickte ich und sagte: „Nur zu." Sie zog das restliche Bettlaken zurück, nahm meinen Penis in die linke Hand, packte den Katheter mit der rechten Hand und zog ihn heraus. Der Katheter war schon viele Wochen dort gewesen, und das Gewebe hatte sich daran festgehalten. Meine Augen tränten. Am liebsten wäre ich erschossen worden.

Sie schaute auf mich herab und fragte: „Hat das wehgetan?"

„Das war interessant. Hast du Morphium dabei?"

Etwa zehn Minuten später kam ein Priester. Er stellte sich als Pater Phillip vor. Ich dachte: „Die Geschichte wiederholt sich nicht, aber sie reimt sich." Er war eine freundliche Person und besuchte mich jeden Tag, auch wenn ich das Bewusstsein verloren hatte. Später lag ich auf der Intensivstation. Die meisten Mitarbeitenden glaubten nicht, dass ich überleben würde. In dieser Zeit spendete er mir die letzte Ölung. Meine Frau saß an meiner Seite, doch sie war zu erschrocken, um etwas zu sagen. Hätte ich damals von dem Ritual erfahren, hätte ich mich bei ihm bedankt. Stattdessen sagte ich später zu meiner Frau, dass ich es nicht brauche, weil ich nach Hause gehe.

Die Armee hatte meine Hundemarke in der Aid Station in Kabul verloren. Deshalb galt ich als katholisch. Deshalb stand ich auf dem Computerausdruck des Priesters als Mitglied seiner Herde. Selbst mit Mitte siebzig war er voller Leben und Ermutigung, was wirklich inspirierend war. Sobald er den Raum betrat, wirkte alles hell und voller Hoffnung. Am nächsten Tag kam er bei seiner täglichen Visite vorbei. „Ich habe gerade herausgefunden, dass du nicht katholisch bist."

„Ist das wichtig?"

„Nein, aber warum hast du mir das nicht gesagt?"

„Aus zwei Gründen: Erstens war ich lange tot, zweitens dachte ich, in meinem Zustand kann ich jede Hilfe gebrauchen."

Er lachte und sagte: „Du hast alle Hilfe, die du brauchst. Glaube weiter an Gott und an dich selbst, dann wird es dir gut gehen." Er ging zur Tür, blieb aber stehen. „Soll ich sie zumachen oder mit einem Mülleimer aufstützen?"

Ich fragte mich, woher er das wusste. „Lass sie bitte offen."

Er sah mich an, lächelte und sagte: „Es ist deine Entscheidung."

„Kommst du zurück?"

„Ich werde immer hier sein." Seine Stimme kam mir bekannt vor. Vielleicht kam sie aus dem langen, ununterbrochenen Traum. Ich konnte mich nicht erinnern. Ich wusste nur noch, dass seine Anwesenheit sehr tröstlich gewesen war.

Während ich dort lag, schaute ich Cable News Network, das über die Folgen von Katrina berichtete. Ich hatte keine Ahnung, was passiert war. Während des Sturms war ich wie tot. Mein erster Gedanke war: Was ist passiert? Hat gerade jemand eine Bombe auf die Stadt geworfen? Ich gehöre zur sechsten Generation aus New Orleans. Zum ersten Mal seit Jahrzehnten verließ ich die Stadt. Da sowohl meine Mutter als auch mein Vater bereits verstorben waren, gab es keine zwingenden Gründe, zurückzukehren. Trotzdem versuchte ich, jedes Jahr für ein paar Tage zurückzufahren. Ich wollte die Familiengruft reinigen und das Flair des French Quarter genießen. Nachdem ich den Reportern von Cable News Network zugehört hatte, die über Plünderungen und Verwüstungen im Ninth Ward sowie die Unfähigkeit der lokalen und staatlichen Behörden berichteten, musste ich an meinen Vater denken. Er sagte einmal zu mir: „Die Menschen in Louisiana wollen keine Regierung, sie wollen Unterhaltung." Im selben Gespräch sagte er auch, er würde mich verleugnen, wenn ich jemals für ein Wahlamt in Louisiana kandidieren würde.

Die Nachrichten zeigten ständig das Elend im Lower Ninth Ward. Die Reporter erzählten immer wieder von Plünderungen in diesem Viertel. Ich schmunzelte und dachte: „Du hast noch keine Plünderungen gesehen, bis die hundert Milliarden Dollar an Bundesgeldern auftauchen."

Ich dachte an den Ninth Ward. Stell dir den schlimmsten Stadtteil jeder amerikanischen Stadt vor. Vor fünfundzwanzig Jahren hatte sogar die Post der Vereinigten Staaten entschieden, dass es zu gefährlich sei, dort Briefpost zu zustellen. Auch Feuerwehr und Rettungsdienst griffen ohne Polizeieskorte nicht ein. Während der Rettungsarbeiten standen Menschen auf den

Dächern und feuerten auf die Hubschrauber, die Hilfe bringen wollten. Die Regierung der Vereinigten Staaten mietete mehr als tausend Busse, um die Bewohner des Ninth Ward in Sicherheit zu bringen. Die Menschen wurden nach Houston, Little Rock, Memphis und in weitere Städte gebracht. Seitdem ist die Kriminalitätsrate in allen diesen Städten stark angestiegen. Die Stadt möchte wieder eine Schokoladenstadt werden. Ein großer Teil der Wählerschaft war schon fort.

Am nächsten Abend besuchte mich mein Partner. Sie fragte mich, was ich über Katrina denke. Ich erklärte, dass ich viel darüber nachgedacht hatte. Kurz gesagt meinte ich: „Gott hat gerade eine gigantische Toilette gespült."

Sie nahm meine Hand und sagte: „Dort leiden viele gute Menschen." Ich glaube, du hast den Verstand verloren."

„Ja, das war ich eine Zeit lang. Das nennt man tot sein."

„Hier sind ein paar Briefe von deiner Schwester Betty aus ihrer Schule in Denton, Texas." Anne gab mir einen Kuss auf die Wange und ging. Ich lag still da und starrte etwa dreißig Minuten an die Decke. Dann öffnete ich das Paket. Ich dachte an meine Schwestern Betty, Mary, Melanie und Laurie. Der erste Brief kam von Betty. Sie unterrichtet an einer Schule, an der vor allem einkommensschwache schwarze und hispanische Kinder lernen. Betty war immer gut gelaunt und optimistisch. Beim Lesen des Briefes kamen viele Erinnerungen hoch.

Betty ist nur elf Monate älter als ich. Ich erinnere mich, dass unsere Eltern uns einmal beim Abendessen ermutigten, über jedes Thema zu sprechen. Ich verkündete beim Essen, dass ich ein Unfall war. Meine Mutter verschluckte sich fast am Nachtisch. Mein stoischer Vater fragte: „Wie kommst du darauf?"

„Wer, der bei klarem Verstand ist, würde zwei Jahre lang schwanger sein wollen?"

Mein Vater stand auf, legte seine Serviette auf den Tisch, sah meine Mutter an und sagte: „Ich bin dann im Arbeitszimmer."

Ich nahm den Brief wieder in die Hand. Betty und eine weitere Lehrkraft, deren Geschwistermitglied im Marine Corps dient und im Irak stationiert ist, hatten eine Briefkampagne für mich organisiert. Die gesamte sechste Klasse hatte mir einen Brief geschrieben. Es war wunderbar, die Gedanken dieser Kinder zu lesen. Sie waren noch zu unschuldig, um zu verstehen, wie die Welt wirklich funktioniert. Besonders spannend fand ich Bettys Brief, denn sie erzählte mir alles über die neuesten Familienereignisse.

30. September 2005

Lieber Edmund,

Es ist etwas mehr als fünf Wochen her, dass ich bei dir zu Hause angerufen und mit deiner Tochter gesprochen habe. Allison teilte mir mit, dass du sehr krank bist. Ich rief an, weil du mir versprochen hattest, dass du dich mindestens alle zwei Wochen melden würdest. Seitdem hatte ich nichts mehr von dir gehört und ich machte mir Sorgen um dich. Seitdem stehen Mary und ich in Kontakt mit Anne. Wir drei haben regelmäßig miteinander telefoniert. Wir freuen uns sehr zu hören, dass es dir besser geht. Mary und ich haben uns große Sorgen um dich gemacht. Ich habe so viel zu sagen, dass ich gar nicht weiß, wo ich anfangen soll. Lass mich also mit ein paar Fragen beginnen...

Was ist passiert? Bist du ganz plötzlich krank geworden oder hat es sich über einen längeren Zeitraum hingezogen? Wurdest du möglicherweise vergiftet? Anthrax? Du kannst dir nicht vorstellen, welche Szenarien mir durch den Kopf gegangen sind. *Das Time* Magazine hat einen großen Artikel über Afghanistan geschrieben und darüber, was für ein Drogenstaat es ist. Sogar Mitglieder von Karzais Regierung sind drogenabhängig. Was wisst ihr schon?

Mary und Don hatten in letzter Zeit viel zu tun. Der Hurrikan Katrina hat den Strom in DeRidder ausgefallen und es soll eine Woche dauern, bis er wieder funktioniert. Mary und Don haben versucht, den Sturm zu überstehen, aber als der Strom ausfiel, wurde es drückend heiß und schwül. Wie ihr wisst, hat Don Diabetes im Endstadium und das Fehlen einer normalen Umgebung wirkte sich auf seine Gesundheit aus, sodass er anfing, seltsam zu reden und sich seltsam zu verhalten. Mary fuhr ihn zu Patricks Haus und musste ihn später ins Krankenhaus bringen. Jetzt geht es ihm besser. Ihr Haus wurde nicht beschädigt, aber es sind viele Äste umgefallen.

Mel hingegen ist wie immer sehr egozentrisch. Wir haben zwei Wochen lang nichts von ihr gehört und konnten sie auch nicht erreichen. Es stellte sich heraus, dass sie die ganze Zeit über mit Steve in Baton Rouge in Sicherheit war und einfach keine Lust hatte, mit uns zu reden, schätze ich. Egal, dass wir uns Sorgen um sie gemacht haben. Schließlich kontaktierte sie Mary. Ich glaube nicht, dass ihr Haus im Garden District überflutet wurde, aber wahrscheinlich wurde geplündert. Zu diesem Zeitpunkt wissen wir es nicht. Mel sagt, dass sie ihr Haus in New Orleans für eine Million Dollar verkaufen und ein Haus in Baton Rouge bauen wird. Da der Titel auf Larrys Namen lautet, werden wir sehen. Als sehr erfolgreicher Jazzmusiker bezweifle ich, dass er gehen will.

Und natürlich ist Laurie nicht zu erreichen. Ich fühle mich ein wenig schuldig, wenn ich schreibe, dass keine Nachrichten hier gute Nachrichten sind. Als Laurie das letzte Mal anrief, blieb sie bei uns und es kostete uns schließlich fast 1200 Dollar, sie dazu zu bringen, wieder nach Louisiana zu ziehen, wo sie natürlich alle unsere Ratschläge ignorierte und mit denselben Drogendealern zusammenlebte, mit denen sie zuvor zusammenlebte. Sogar Laurie glaubt, dass sie ein gewaltsames Ende ihres Lebens haben wird. Wie furchtbar.

Ich schicke dir ein paar Briefe von einer der 6. Einige von ihnen werden dich zum Lachen bringen. Wir sind eine Title One Schule, was bedeutet, dass die meisten unserer Kinder arm sind. Schwarze und hispanische - aber sehr süß. Du kannst mir gerne zurückschreiben, oder auch nicht. Ich hoffe, sie heitern dich auf.

Was mich und Danny angeht... Edmund ist die Liebe meines Lebens. Warum ich so lange warten musste, um ihn zu finden, weiß ich nicht. Ich muss meinen Brief jetzt beenden, denn ich habe noch eine andere Klasse vor mir.

Ich liebe dich von ganzem Herzen,
Betty

Mein erster Gedanke nach dem Lesen des Briefes war: *Danke, Betty, für diese aufmunternde Nachricht.* Ich kann dir nicht sagen, was ich über Afghanistan weiß. Ich dachte an die Mohnblumen in Afghanistan und an meine Schwester Laurie. Es geht bergab mit den Mohnblumen. Ich beschloss, dass ich froh war, am Leben und irgendwo anders zu sein.

Als ich so dalag und CNN schaute, moderierte Wolf Blitzer seine Sendung, die der Sender unter das Motto "Das Ende der Tage" gestellt hatte. Es basierte auf dem Konzept, dass alle Naturkatastrophen, Tsunamis im Pazifik, Hurrikans in der Karibik und von Menschen verursachte Katastrophen wie AIDS in Afrika irgendwie zusammenhängen. Ich weiß nicht, ob er oder ein CNN-Praktikant diese Zeile geschrieben hat, aber wer auch immer sich diese Prämisse ausgedacht und diese Zeile geschrieben hat, war ein Idiot. Ich weiß noch, wie ich dachte: Das war der absurdeste Begriff und Titel, der je verwendet wurde. Wer auch immer sich das ausgedacht hat, hat keine Ahnung, was "Das Ende der Tage" bedeutet. Ich dachte an William Miller, einen britischen Theologen aus dem 18. Jahrhundert, der die Apokalypse für das Jahr 1846 vorhersagte. Seine Schlussfolgerung basierte auf mathematischen, astronomischen und metaphysischen Untersuchungen. Ich bekam meine nächtlichen Medikamente verabreicht und schlief ein.

Gewaltsam abbremsen, landen, im Sand stehen und über die Mauer schauen.

Am nächsten Morgen schlief ich endlich ein, etwa eine Stunde nach meiner Röntgenuntersuchung um halb sechs. Plötzlich dröhnte eine Stimme durch die Tür.

„Hallo! Ich bin Doktor McMillian. Du erinnerst dich wahrscheinlich nicht an mich, aber ich habe deine offene Lungenbiopsie durchgeführt, als du auf der Intensivstation lagst." Er war eine große Person. Er war Oberstleutnant und Herz-Thorax-Chirurg in der Armee. Er war so groß, dass ihm vermutlich kein Kittel in Walter Reed passte. Neben ihm saß eine weitere medizinische Fachkraft, Doktor Messinger, ein Army-Captain und Fellow in Computertomographie. „Bei dem Eingriff ist dein linker Lungenflügel kleiner geworden. Deshalb möchte ich dich hier auf dieser Station behalten. Ich werde mich um deinen Fall kümmern." Dann drehte er sich um, bückte sich, um ein Paar Handschuhe aus einer Schublade zu nehmen, und dabei rutschte der obere Teil seines Kittels nach unten. Dadurch wurde der obere Teil seiner Arschritze sichtbar. Das erinnerte mich an einen Sketch mit Dan Aykroyd und Gilda Radner bei

Saturday Night Live. Leutnant Crigler stand am Fußende des Bettes, hielt sich die rechte Hand vor den Mund, schaute mich an, und wir beide lachten leise.

„Wir konnten nie herausfinden, was die Ursache für die Lungeninfektion war. Wir haben jedes Antibiotikum ausprobiert, doch nichts half. Darum entschieden meine Kolleginnen und Kollegen und ich uns für ein Steroidprotokoll. Das Steroid stoppte die Verschlechterung, erschwert aber nun die Genesung der Lunge. Wir werden einen weiteren Eingriff vornehmen müssen." Ich fragte mich: „Wie lange wird das noch dauern?" Eine weitere medizinische Person kam hinzu.

„Hallo, ich bin Doktor Berry von der Lungenheilkunde. Hat Doktor McMillian erklärt, was wir tun wollen?"

„Ja, aber nicht den genauen Ablauf der Operation."

„Gut, dann erkläre ich es Ihnen. Es ist kein großer Eingriff, aber es gibt gewisse Risiken.

Die Begleitperson kam herein. „Wieder eine Herausforderung, was?" Er kam, nachdem die Ärztinnen und Ärzte gegangen waren. „Nun, wenn du weiterhin an zwei Dinge glaubst, wird es dir gut gehen." Ich fragte mich, woher er wusste, was passierte. Dann segnete er mich. Als er gehen wollte, drehte er sich in der Tür um und sagte: „Alles wird gut werden. Möchtest du, dass die Tür offen bleibt?"

„Ja, bitte."

Er zwinkerte mir zu und sagte: „Wie du willst."

Dann ging er. Ich nahm einen anderen Brief in die Hand.

Lieber Mr. Mason,

ich gehe auf die Calhoun Middle School, in der Ihre Schwester arbeitet. Ich bin in der 6. Klasse. Ich hoffe, dass du bald wieder gesund wirst. Es tut mir leid, was passiert ist. Ich war auch einmal im Krankenhaus, aber es war nicht beängstigend, also hab keine Angst. Gute Besserung!

Mit freundlichen Grüßen,
Gabriel C.

Zwei Armeesanitäter kamen ins Zimmer. Sie legten mich auf eine fahrbare Trage und schoben mich in den Operationssaal der Chirurgie. Unterwegs wechselten sich in den Gängen Hitze und Kälte ab. Als Architektin dachte ich, dass die Gebäudetechnik die Klimaanlage ausgleichen müsste. Heute glaube ich, dass die Hitze und die Kälte die Schwankungen in meinem Kopf spiegelten. Im OP wartete das Team. Eine Anästhesistin untersuchte mich. Ich schaute zu ihr auf und bat: „Bevor du anfängst, könntest du mir bitte dreißig Sekunden Zeit lassen?"

Als ich in der Aufwachstation erwachte, brannte meine linke Seite von der Achsel bis zum Handgelenk. Eine Pflegefachkraft reichte mir einen Injektor. Ich sollte ihn festhalten und bei zu starkem Schmerz den Knopf drücken. Ich drückte einmal. Doch das Schmerzmittel wirkte nicht. Ein wenig besser ging es mir nur, wenn ich mit der rechten Hand meine linke Hand auf die rechte Brust drückte. In dieser Position ertastete ich mit dem linken Ellenbogen mehrere Fremdkörper. Es waren drei Schläuche, die aus meiner linken Seite kamen. Ich rief die Krankenschwester. Ich sagte ihr, dass das Schmerzmittel nicht half. Sie kam zurück und gab mir eine Morphiumspritze, die etwa zwanzig Minuten lang half. Mein Bett stand in einer Reihe von sechs Betten in diesem Teil der Station. Man sagte mir, ich solle die Nacht dort bleiben. Im sechsten Bett zu meiner Linken lag ein Soldat, und seine Frau war bei ihm. Die Person blieb die ganze Nacht bei dem Soldaten und tat das Einzige, was sie tun konnte. Da sein und ihn ermutigen.

„Johnny, komm schon. Komm schon, Johnny, zieh das nicht raus. Komm schon, Johnny."

Ich sah, dass sie weinte. Ich lag die ganze Nacht mit brennendem Arm dort und hörte den Sprechchören zu. Johnny stand direkt hinter mir und kämpfte mit mir. Er kämpfte gegen seine Dämonen. Er weigerte sich, aufzugeben. Ich kam zu dem Schluss, dass die Seele drei Wege hat. Erstens gibt es Seelen, die nicht gehen wollen. Was sie zurückbringt, ist die schiere Kraft ihres Willens. Sie weigern sich zu gehen und ertragen alles, um nach Hause zu kommen.

„Komm schon, Johnny, halt meine Hand."

Zweitens gibt es Seelen, die gehen wollen. Diese Seelen haben ein sehr schweres Leben hinter sich. Vielleicht hatten sie eine schwere Krebserkrankung oder sie sind sehr alt und haben niemanden, zu dem sie zurückkehren können.

„Halt dich fest, Johnny. Zieh nicht daran. Bleib bitte ruhig liegen, Johnny."

Drittens gibt es Seelen, die keine andere Wahl haben. Dazu gehören Menschen, die einen plötzlichen, schweren Tod erlitten und deshalb nicht zurückkehren können. Ich fragte mich, ob er während meiner Reise hinter mir war oder parallel zu mir ganz andere Erfahrungen machte. Vielleicht beides, dachte ich. „Komm schon, Johnny, das wird schon wieder." Sie schluchzte.

Die Sonne ging auf. Ich schaute nach rechts. Dort stand eine Krankenschwester und lächelte. „Wie war deine Nacht?" Das Morphium, das sie mir gerade gegeben hatte, wirkte.

„Ein langes, lautes Stöhnen."

„Okay." Sie lächelte, wirkte aber verwirrt. Sie tätschelte mein Bein und bat mich, den Rufknopf zu drücken, falls ich etwas brauche. Fünf Minuten später entstand Unruhe im Team. Die Sichtschutzvorhänge wurden geschlossen, und sofort kehrte absolute Stille ein.

Ein paar Stunden später brachte das Team mich zurück in mein Zimmer auf der Computertomografie Station. Ich fragte die Pflegekraft: „Wie geht es Johnny?"

„Du meinst Leutnant Enswim? Er ist heute Morgen an seinen Kopfverletzungen gestorben, die er in Afghanistan erlitten hat."

„Wie buchstabiert man den Nachnamen?"

„E, N, S, W, I, N. Du warst dabei. Kanntest du ihn?"

„Nein, aber ich habe von ihm gewusst." Ich dachte: „Es gab ihn wirklich." Ich hatte immer angenommen, er sei eine von Stewarts Erfindungen. Kein Wunder, dass er nicht auf der Personalliste stand. Er hat wahrscheinlich für Stewart gearbeitet. Möge Gott ihn segnen. Er hat viele Kinder gefüttert.

Später lag ich wieder auf der Computertomografie Station. Meine Frau und meine geliebte Tochter besuchten mich. Ich hatte Allison seit Monaten nicht mehr gesehen. Der Besuch sollte ein freudiges Wiedersehen werden. Sie war fünfzehn und wir hatten viele schöne Erinnerungen. Ich erinnerte mich an die Nachmittage in einem italienischen Café, wo ich ihr Formen, Zahlen und das Alphabet zeigte. Ich dachte an den Silvesterabend in Budapest, als wir zusammen tanzten, und an den Moment, als sie auf meinem Rücken sprang und „Hop on, Pop!" rief.

Als die Beruhigungsmittel nachließen, schaute ich zu Anne und Allison hinüber. Ich sah sie. Anne küsste mich auf die Wange. Ich drehte den Kopf nach links und sah Allison an. Es war das erste Mal, dass ich sie sah, seit ich nach Afghanistan gegangen war. Mein Blut wurde kalt. Als ich sie sah, dachte ich: Er ist immer noch da. Er kommt durch die Hintertür.

Ihr einst schönes braunes Haar war schwarz gefärbt. In jedem Ohrläppchen trug die Person drei Ohrstecker. Dicke schwarze Wimperntusche betonte ihre Augen, und die Fingernägel glänzten schwarz lackiert. Ich schaute sie von oben bis unten an, und mein Entsetzen wuchs. Sie trug ein Shirt mit dem Logo einer Heavy-Metal-Band und dem Bild des Sensenmanns. Dazu trug sie einen zweieinhalb Zentimeter breiten schwarzen Ledergürtel mit Metallnieten und eine schwarze Hose mit großen Reißverschlüssen an den Oberschenkeln und Waden.

Wieder einmal dachte ich: Er wirft immer noch sein Netz aus und lockt mit gut aussehenden Würmern, um nach den Bodenfressern zu suchen. Obwohl ich nicht laut sprechen konnte, explodierte ich innerlich. „Was zum Teufel ist das? Du hast keine Ahnung, worauf du dich da einlässt!" Ich sah meine Frau an und fragte: „Was hast du erlaubt?" Sie wirkte nicht so, als würde sie gehen. Ihr beide versteht das nicht. Er ist ständig mit uns allen zusammen.

Anne sah Allison an und sagte: „Er kommt gerade aus der Narkose." Endlich bin ich aufgewacht.

Wochenlang lag ich dort. In meiner linken Seite steckten drei Schläuche. Sie waren an drei Absaugpumpen angeschlossen. Jeden Tag pumpte jeweils eine der Pumpen Wasser aus meinem Körper. Meine einzige Aufgabe war es, dort zu liegen. Auf die linke Seite durfte ich mich nicht drehen, denn dort ragten die drei Schläuche. Auch auf die rechte Seite konnte ich mich nicht legen, weil die Schläuche nicht lang genug waren. Also lag ich auf dem Rücken und starrte auf CNN. So wurde ich zur Expertin für Werbespots.

„Aber warte! Bestellen Sie jetzt, und Sie bekommen einen zusätzlichen Klistierbeutel gratis dazu! Zweihundert-Dollar-Angebot für nur neun Dollar und neunundneunzig Cent!" Daraus schloss ich, dass der Werbespruch bedeutet: „Niemand will diesen Mist kaufen, und wir wollen ihn loswerden."

Amüsant finde ich auch den zweiten Satz, der in jeder Fernsehwerbung für Medikamente vorkommt: „Fragen Sie Ihr medizinisches Fachpersonal, ob das das Richtige für Sie ist!" Dabei spielt es keine Rolle, unter welchem medizinischen Problem du leidest, ob das Alzheimer, Betablocker, Krebs, Diabetes, Erektionsstörungen oder etwas anderes ist. Am besten gehst du zu einer medizinischen Fachkraft, erklärst dein Problem und lässt sie entscheiden, was du brauchst, statt ein Mittel aus der Werbung zu kaufen. Während ich gelangweilt dalag, griff ich wieder nach meinem Paket.

Lieber Mr. Mason,

ich bin ein Sechstklässler an der Calhoun Middle School, an der Ihre Schwester unterrichtet. Bitte werde bald wieder gesund. Jeder schreibt einen Brief, und ich bin nicht gut im Schreiben (Tippen) von Briefen, aber ich werde es versuchen. Deine Familie macht sich Sorgen, und ich hoffe, dass du es schaffst. Verliere nicht die Hoffnung. Du bist wichtig für deine Familie. Du musst tapfer sein. Werde bald wieder gesund, damit du Menschen retten kannst. Dein Job ist wichtig. Ich weiß nicht, was ich noch schreiben soll.

Mit freundlichen Grüßen,
Oscar P.

Ein Sanitäter der Armee schob einen Wagen durch die Tür. „Ich muss Ihre Vitalwerte messen, Sir. Können Sie mir bitte Ihren linken Arm geben?" Dann legte er mir eine Blutdruckmanschette um, steckte mir ein Thermometer in den Mund und befestigte einen Clip an meinem linken Mittelfinger.

Ich fragte: „Ist das wirklich nötig?"

„Auf Anweisung des Arztes. Alle vier Stunden."

„Da ich schon einmal tot war, glaubst du, dass ich wieder sterbe, bevor du in den nächsten vier Stunden zurückkommst?"

„Ich weiß es nicht. Ich halte mich nur an die Anweisung der Ärztin."

„Wirst du das die ganze Nacht machen?" Er notierte seine Werte in einen kleinen Block. „Ja, wie ein Zug. Ich muss den Zeitplan einhalten und dafür sorgen, dass dein Herz schlägt."

„Was passiert, wenn ich es nicht bin?"

„Dann muss ich das nicht alle vier Stunden machen."

Als er ging, las ich weiter in dem Päckchen mit den Briefen aus der sechsten Klasse.

Lieber Mr. Mason,

Ich bin ein Sechstklässler der Calhoun Middle School. Es tut mir sehr leid, dass Sie krank sind. Ich hoffe, dass es dir bald wieder besser geht und du herausfindest, was los ist. Aber gib jetzt noch nicht auf. Lass den Kopf nicht hängen und mach weiter, was du tust. Mein Onkel ist beim Militär, und seine Frau und sein Sohn haben genauso viel Angst wie ich. Ich hoffe also, dass es deiner Frau und deiner Tochter gut geht. Ich hoffe, du wirst bald wieder gesund.

Mit freundlichen Grüßen,
Savannah R.

Ein neuer, junger Hauptmann kam an. „Ich bin Doktor Washington ... Psychiatrische Dienste." Ich dachte: „Wie passend.

Ich bin auf Visite und wollte kurz wissen, wie es Ihnen geht."

Aus Spaß antwortete ich: „Mir ginge es viel besser, wenn der Spiegel über dem Waschbecken aufhören würde, mich anzustarren." Er schaute verblüfft.

„Ich habe gehört, dass du in Afghanistan warst ...?"

„Das bin ich immer noch."

Laura Crigler begann zu grinsen. Sie wusste, was ich vorhatte.

„Okay." Er pausierte und schaute mich aufmerksam an. „Was machst du dort?"

„Ich bin Fellow im Afghanistan Mathematical Center for Metaphysical Research und Logistikdirektor der Afghanistan Right and Righteous Higher Human Transport Company of Kabul."

Laura schlug sich die Hand vor den Mund und rannte aus dem Raum.

Er runzelte die Stirn. Kurz darauf kam Leutnant Crigler mit ihrem gewohnten Lächeln zurück. „Dir ist klar, dass du sie damit nur ermutigst, zurückzukommen."

„Natürlich. Ich brauche manchmal eine Pause von CNN."

Am nächsten Tag kehrte der Psychiater zurück. Begleitet wurde er von zwei leitenden Psychiaterinnen und Psychiatern. Einer von ihnen war ein Oberst der Luftwaffe. Er fragte mich, ob ich wisse, wo ich sei. Ich schaute Schwester Crigler an. Sie verdrehte die Augen. Dann sagte ich: „Natürlich weiß ich das. Du bist dort, wo du gewesen bist."

Die drei schauten mich aufmerksam an. Leutnant Crigler lächelte. Diese ständige Reihe von Psychiatern nervte mich langsam, also sagte ich weiter: „Meinst du, wir könnten eine ‚Gruppe' bilden, damit wir darüber reden können, wo wir sind? Das wäre eine Win-win-Situation, wie man hier sagt. Du könntest dir dreimal in der Woche einen halben Tag frei nehmen und deinen Mitarbeitenden erklären: ‚Ich habe eine Gruppe.' Dann könnte ich diesen Raum verlassen und mich mit Leuten herumärgern, die sich für Intellektuelle halten." An diesem Punkt verlor Laura die Beherrschung. Alle starrten sie an. „Moment mal ... Hier kommt ein Werbespot, den ich noch nicht gesehen habe. Ich will sehen, ob etwas für mich dabei ist."

Am nächsten Morgen lag ich im Bett und schaute das übliche Kabelnachrichten-Geplapper, als Schwester Crigler hereinkam. „Du weißt, dass das gestern ziemlich unhöflich war. Ich bezweifle, dass sie zurückkommen werden."

„Ich weiß. Das war der Plan."

„Du solltest dich entschuldigen."

„Wenn sie das nächste Mal auf der Station sind, schleppst du sie hierher, und ich werde mich entschuldigen. Mir ist klar, dass alle hier versuchen, mir zu helfen, aber ich bin nicht verrückt."

„Und wie hat der gestrige Tag geholfen?"

„Weniger Hände, ein Schritt näher an der Tür."

„Interessant, dass du das erwähnst. Wir haben beschlossen, dass du gehen wirst." Sie sagte es, als wäre es selbstverständlich. Der Pfarrer stand hinter ihr.

Der Pater sagte: „Du schaffst das. Du hast hart gekämpft, um bis hierher zu kommen. Denk an die beiden Dinge."

Ich sah sie an, als wären sie verrückt. Ich konnte mich nicht aufrichten.

„Gib mir deine Hand. Es fängt damit an, dass du dich aufsetzt."

Die Krankenschwester war direkt. Ich streckte meine linke Hand aus. Sie ergriff sie und zog mich nach oben, bis ich saß. „Wenn du den Dreh raus hast, versuche dich auf die Seite zu drehen und die Beine über die Bettkante zu schlagen. Behalte deinen Rufknopf in der Hand, falls du wieder ins Bett rutschst." Ich lehnte mich zurück und dachte: „Das wird nicht einfach werden. Es wird reine Willenskraft erfordern.

Ich nahm das Päckchen mit den Briefen vom Tisch neben meinem Bett.

Lieber Mr. Mason,

mein Name ist Gwi. Ich bin sehr froh, dass du diesen Menschen hilfst. Ich frage mich, was die Ursache für deine Krankheit war. Ich glaube, es war die Hitze oder das Wasser. Was glaubst du, wie viele Jahre es dauern wird, bis alles wieder aufgebaut ist? Es war schön, dir zu schreiben. Ich danke dir.

Mit freundlichen Grüßen,
Gwi

Alles wieder aufbauen? Fragt sie nach Afghanistan oder nach mir? Wir sind beide in der gleichen Lage. Während ich auf lag und nicht laufen konnte, dachte ich darüber nach, wie ich mein Haus gestalten würde, falls ich im Rollstuhl nach Hause fahren müsste. Ich schob diese negativen Gedanken beiseite und nahm den nächsten Brief in die Hand. Es war die richtige Nachricht zur richtigen Zeit.

Lieber Mr. Mason,

Ich bin ein Sechstklässler an der Calhoun Middle School, an der Ihre Schwester unterrichtet. Ich hoffe, es geht dir bald wieder besser, damit du deine Familie besuchen kannst. Wenn ich an deiner Stelle wäre, würde ich mich fragen, wie ich im Unterschlupf krank geworden bin und ob ich überlebe oder nicht. Und wenn ich überleben würde, wie müsste ich dann leben? Nun, ich hoffe, du überlebst.

Mit freundlichen Grüßen,
Irene N.

In den nächsten Stunden und Tagen übte ich immer wieder, mich aufzusetzen. Als mir das schließlich gelang, beschloss ich, die Beine über die Bettkante zu schwingen. Das gelang mir bald ziemlich gut. Ein paar Tage später kam eine freundliche Pflegefachkraft ins Zimmer, die sich schon zu Beginn meines Aufenthalts im Walter-Reed-Krankenhaus um mich gekümmert hatte. Ich kenne ihren Namen nicht mehr, doch ich erinnere mich an ihre Zuversicht. Sie sah mich auf der Bettkante sitzen und blieb stehen. Ihr Lächeln war elektrisierend.

Sie trat nah an mich heran, stellte sich zwischen meine Beine und legte ihre Hände unter meine Achseln. Dann sagte sie: „Mal sehen, ob du alleine stehen kannst." Sie hob mich aus dem Bett. Meine Füße landeten auf dem Boden, und ich umarmte sie, um nicht umzufallen. Sie lachte und sagte: „Schau dich an! Du stehst schon!"

Wir waren gleich groß, deshalb spürte ich ihre Brüste an meiner Brust. Die Umarmung fühlte sich so gut an, dass ich lächelte und fragte: „Willst du tanzen gehen, wenn du fertig bist?"

"Die ganze Nacht durchtanzen..."

Nach viel Übung merkte ich, dass ich von selbst aufstehen konnte. Ich setzte mich zuerst auf, ließ die Beine über die Bettkante gleiten, legte die Handflächen auf das Bett und rutschte nach unten. Diese Übung machte ich zweimal täglich. Außerdem übte ich im Stehen Zehenspitzenstände. Ich machte jeweils zehn Wiederholungen und blieb dabei etwa dreißig Minuten lang stehen. Ich wurde darin ziemlich gut. Am schwierigsten war es, wieder ins Bett zu klettern. Das fühlte sich an, als würde ich in eine Rettungsinsel auf dem Meer klettern.

Das Wiedererlernen des Gehens gehörte zu den größten Herausforderungen dieser Reise. Es war, als würde man einem Kleinkind zusehen, das seine ersten unsicheren Schritte macht und dann hinfällt. Aus meiner linken Seite ragten drei Schläuche, die mit Saugpumpen verbunden waren. Die Pumpen konnten abwechselnd „saugen" und „abdichten". Deshalb musste ich vor jedem Gehversuch einen Termin vereinbaren. Militärsanitäter:innen kamen in mein Zimmer. Sie trennten die Schläuche von der festen Maschine. Dann verbanden sie die Schläuche mit tragbaren Geräten und befestigten diese an einer Infusionsstange mit Rädern. Bei meinem ersten Versuch nutzte ich eine Gehhilfe, wie man sie aus Pflegeheimen kennt. Ich brauchte sie als Stütze und zur Balance. Eine Pflegefachkraft ging an meiner Seite und zog die Infusionsstange. Ein Sanitäter schob einen Rollstuhl hinter mir, falls ich nicht mehr weitergehen konnte.

Beim ersten Versuch schaffte ich etwa hundert Meter von meinem Zimmer aus. Ich kam bis zu den Aufzügen, dann musste ich mich hinsetzen. Auf dem Rückweg schaute ich in das lächelnde Gesicht meiner Pflegekraft und sagte: „Der Vorteil dieses Abenteuers ist, dass ich hier allein rauskäme, wenn das Haus jemals in Brand geriete."

Sie lächelte und entgegnete: „Du solltest während eines Brandes keinen Aufzug benutzen."

„Ich weiß. Aber die Treppe ist direkt daneben."

„Die Physiotherapeutin hat noch nicht mit dir an den Treppen geübt."

„Ich weiß. Ich würde auf meinem Hintern runterrutschen, wenn ich es müsste."

Man schob mich zurück in mein Zimmer, ein Sanitäter zog die Infusionsstange hinter mir her. Schwester Crigler griff das Gespräch wieder auf.

Sie grinste und sagte: „Du hörst dich an, als hättest du alles im Griff."

„Nein, ich habe nicht alles im Griff. Ich weiß nur, dass ich das hier überleben werde. Ich freue mich darauf."

Während wir weiterrollten, beugte sie sich herunter und streichelte mit ihrer rechten Hand sanft mein Kinn. Es roch nach Jasmin. Sie schenkte mir ihr vertrautes Lächeln und sagte: „Ich wette, das wirst du."

Ich beschloss, dass ich diese Aufzüge als Zeichen meiner Fortschritte ansehen würde. Ich fühlte mich unbeschwert und frei. „Wenn etwas passiert, konzentriere dich auf die Menschen, die Hilfe brauchen. Im Notfall brauchst du dir keine Sorgen um mich zu machen. Ich werde überleben."

Als ich später in mein Zimmer zurückkehrte, ließ ich mich erschöpft aufs Bett fallen und widmete mich wieder meinen Briefen.

Lieber Mr. Mason,

ich bin ein Sechstklässler und möchte Ihnen sagen, dass ich an Sie glaube. Ms. Storrie hat uns viel über Ihren Hintergrund erzählt, und Sie klingen wie ein ziemlich guter Kerl. Und ich möchte dir auch sagen, dass wir dich alle in unserem Herzen tragen und Gott dich liebt. Ich hoffe, dich bald wiederzusehen.

Mit freundlichen Grüßen,
Carion L.
P.S.: Gott segne dich.

Am nächsten Tag schaffte ich es, an den Aufzügen vorbeizukommen. Die Struktur des Krankenhauses erinnerte mich an Häuserblocks in einer Stadt. Ich entschied, um den Block zu gehen. Ich war so begeistert, dass ich zu schnell ging. Deshalb wurde das Atmen mühsam, und ich lehnte mich schwer auf die Gehhilfe. Ich weigerte mich, in den mitrollenden Rollstuhl zu sitzen, und schaffte es schließlich, den Block zu umrunden und in mein Zimmer zurückzukehren. Ich kletterte ins Bett und bat das Pflegefachkraft um Sauerstoff. Während ich so dalag und tief durchatmete, kam eine Werbung für den „Scooter Store". Ich weigerte mich, das hinzunehmen. Ich wollte laufen und beschloss, zwei Wochen vor Thanksgiving wieder auf den Beinen zu sein. Ich lag mit einem durchsichtigen Plastikschlauch in jeder Nasenöffnung und dachte, dass ich vielleicht nie mehr der alte werden würde. Dann dachte ich an diesen Arzt und erinnerte mich daran, dass es nur noch zwei Wochen waren. „Mein Wille ist stärker als deiner." Du gibst nicht auf. Dann las ich einen weiteren Brief von der Schule.

Lieber Mr. Mason,

ich bin ein Sechstklässler an der Calhoun Middle School, an der Ihre Schwester unterrichtet. Sehen Sie, mein Sport ist Fußball und meine einzige Angst ist, dass ich mir das Bein endgültig brechen werde. Ich wünschte, sie würden dich wieder gesund machen. Alle hier hoffen, dass du bald wieder gesund wirst, sogar deine Familie. Siehst du, mein Leben ist hart, weil die Schule, aber ich mache meine Arbeit, um gut zu sein. Ein Versprechen ist ein Versprechen, du musst deine Arbeit erledigen.

Mit freundlichen Grüßen,
Anthony P.

Ich starrte an die Decke und dachte: *"Zwei Wochen vor Thanksgiving.* Nachdem ich das gelesen hatte, beschloss ich, dass es an der Zeit war, einen Zeitplan für das Laufen zu erstellen. Ich hoffte nur, dass ich mir nicht für immer ein Bein brechen würde. Ein Versprechen ist ein Versprechen.

17

„Hallo, du bist ja immer noch da." Der junge Psychiater kam ins Zimmer. Ich bewunderte seine Hartnäckigkeit.

„Nein, bin ich nicht, und du auch nicht."

„Interessant. Mein Ansatz, meine Beratungstechnik, ist die Logik."

„Das wird nicht leicht. Mit Logik kann ich zum Beispiel zeigen, dass du gar nicht hier bist.

„Versuch es."

„Okay. Es gibt einen alten griechischen Ansatz, um die Wahrheit zu finden. Man stellt einfach Fragen.

„Ich weiß, auf wen du dich beziehst."

Laura verdrehte die Augen und sagte: „Merke dir das. Ich muss eine Person als Zeugin finden." Sie ging in den Flur und sprach die erste Person an, die ihr über den Weg lief. Es war Doktor Berry, der bei meinen Operationen assistiert hatte. Er war Lungenfacharzt und kannte das medizinische Personal in der Psychiatrie seit vielen Jahren. Er grinste. Die Krankenschwester erklärte ihm, dass ich beweisen könne, dass der Psychiater nicht da gewesen sei. Er hatte eine freundliche, professionelle Beziehung zu dem Psychiater.

Ich ließ meine Gedanken weiterwandern. „Bist du in London?"

„Nein."

„Bist du in Rom?"

„Nein."

„Bist du in Paris?"

„Nein."

„Wenn du nicht an einem dieser Orte bist, dann bist du woanders, oder?"

„Ja."

„Wenn du woanders bist, kannst du nicht hier sein."

Der Lungenarzt lachte laut und ging hinaus.

Der Captain grinste breit und sagte: „Ich werde aufschreiben, dass du Unsinn erzählst und nachweislich gesund bist."

„Hättest du mir das am Anfang geglaubt?"

„Nein, aber allein schon wegen des Unterhaltungswerts werde ich wiederkommen."

„Bitte tu es. Es wäre eine schöne Abwechslung zu Cable News Network ..." Schau mal! Wieder eine Right-for-You-Werbung. Die Anzeige ist neu. Am besten gefallen mir die elektrischen Scooter-Stühle. Sieh dir die Leute an, die damit fahren. Sie sind so verdammt fett, dass sie die Stühle gar nicht brauchen würden, wenn sie einfach aufstehen und laufen würden. Rückblickend merke ich, dass ein Teil von Ralph auf mich abgefärbt hat.

Am nächsten Tag lag ich im Bett und schaute Cable News Network. Die ganze „Scooter"-Libby-Sache entwickelte sich. Das amüsierte mich. Doktor Berry kam herein, sah, dass ich CNN schaute, und fragte: „Du warst drüben, was hältst du davon?" Ich frage mich, ob er wirklich wusste, was ich in diesem Teil der Welt gemacht hatte.

„Ich habe viel nachgedacht. Hast du Zigarren?"

„Nein."

„Was für ein verdeckter Offizier der Central Intelligence Agency geht schon täglich durch die Eingangstür des Hauptquartiers dieser Behörde? Das ist fast so geheim wie Bob's Big Boy. Was für eine geheime Identität hast du, wenn du dich in einem roten Sportwagen fotografieren lässt und dein lächelndes Gesicht auf das Cover eines nationalen Magazins klebst? Sie war keine Sachbearbeiterin. Sie und ihr Mann sind politische Tiere, die an einer der Titten Washingtons nuckeln. Schade, dass die Presse diesen Schwachsinn aufkauft und der amerikanischen Öffentlichkeit auftischt." Ich dachte an Menschen wie Stewart, die sich mit Burka und Waffe durch die dreckigen Straßen Afghanistans bewegen, ihr Leben riskieren und die Öffentlichkeit meiden, um ihre Arbeit zu machen.

„Die große Geschichte sollte sein: Wenn eine blonde, kaukasische Person im Nahen Osten, in Mittel- und Südamerika oder in Asien verdeckt als Case Officer arbeiten kann, ohne Aufmerksamkeit zu erregen, wäre das eine erstaunliche Leistung. Jetzt will eine Gruppe in dieser Stadt die Karriere eines Menschen zerstören, nur weil ihm ein blöder Spitzname gegeben wurde und weil sie nicht mögen, für wen er arbeitet." Ich hatte einen Geistesblitz.

„Als ich ein kleiner Junge war, nannten mich alle meine Schwestern ‚Bubba'. An meinem sechsten Geburtstag sagte meine Mutter beim Abendessen zu meinen vier Schwestern, dass ich von nun an ‚Edmund' heißen und keine kurzen Hosen mehr tragen würde. Ich dachte: Wenn du einen Spitznamen aus deiner Kindheit behältst, machst du dich selbst zum Ziel. Gleichzeitig dachte ich, dass hinter der Aktion wohl Linke steckten, die noch immer verärgert waren, weil George W. Bush zweimal gewählt worden war. Als Clinton regierte, machten sie große Fortschritte bei ihrer Agenda. Blowjobs galten nicht mehr als Sex, sondern nur noch als heftiges Petting. Das Tagesgeschäft im Weißen Haus wirkte wie eine ständige Pizza-Party in Jeans. Jimmy Buffet schrieb einmal einen Song mit dem Titel

„Gypsies in the Palace". Um auf deine ursprüngliche Frage zurückzukommen: Sie schickt ihren Mann nach Afrika, damit er einen Diktator trifft. Dieser Diktator ist im Grunde ein Höhlenmensch und hat keine Ahnung von Atomphysik. Die beiden sitzen zusammen und trinken Tee. Die Behauptung, vor der Invasion hätten im Irak keine Massenvernichtungswaffen existiert, ist reiner Unsinn. Natürlich gab es welche. Das Problem ist nur, dass sie nicht gefunden werden können, weil sie sich woanders befinden.

„Interessante Beobachtungen. Hast du irgendwelche Unannehmlichkeiten?"

„Ja, aus allen Richtungen."

18

„Hallo, ich bin Doktor Messinger, Assistenz von Doktor McMillan. Ich werde mich eine Weile um Ihren Fall kümmern." Leutnant Crigler stand am Fußende des Bettes. Sie ging zum Waschbecken und wusch sich die Hände.

„Wo ist Doktor McMillian?"

„Er besucht eine wissenschaftliche Konferenz in San Antonio, isst mexikanisches Essen und denkt an Sie."

„Nun, er ist ein fürsorglicher Mensch. Ich bin sicher, er wird an mich denken, wenn er am River Walk sitzt, eine Margarita trinkt und seine Tortilla-Chips in die Guacamole taucht."

„Ich habe gerade herausgefunden, dass du Episkopale bist." Er lächelte und blinzelte. „Ich weiß alles über euch. Ich besuchte eine episkopale Junior High School und später eine jesuitische High School. Ich habe herausgefunden, dass die Episkopalkirche der ganze Prunk und die Hälfte der Schuld ist."

So einen Vergleich hatte ich noch nie gehört, aber er hatte Recht. „Wenn du dort bist, solltest du es mit Heinrich dem Achten aufnehmen, wenn du ihn findest."

Plötzlich stürmte Ralph durch die Tür. Er trug eine blau karierte Hose im Stil der Siebziger, ein weißes Satinhemd und eine grüne Krawatte mit dem Wappen einer irischen Familie. Am auffälligsten waren jedoch seine rot-weißen Bowlingschuhe in Größe neun, die er vermutlich am Vortag von einer Bowlingbahn geklaut hatte. Die weißen Ledernummern auf den Fersen verrieten Größe neun.

„Ich habe gehört, dass du krank bist. Also dachte ich mir, ich statte dir einen Besuch ab, solange ich in der Gegend bin. Verdammt, du siehst beschissen aus."

„Danke für deine Beobachtung, Ralph. Gut, dass du nicht Medizin studiert hast." Doktor Messinger bemühte sich, nicht zu lachen. Dann drehte er sich von uns weg, stützte sich mit der Hand an der Wand ab und kicherte leise.

„Und was machst du hier hinten?"

„Ich arbeite als Haushaltsanalyst für das verdammte Friedenskorps."

„Gut, dass du in einer Position bist, in der du keine Waffe tragen musst."

„Natürlich muss ich das. Wir sind in Washington, District of Columbia. Die Waffe liegt im Auto. Ich dachte nicht, dass es angemessen wäre, sie mit in ein Krankenhaus zu nehmen." In diesem Moment dachte ich, Dr. Messinger würde vor Schreck losschreien. Schwester Crigler hielt sich die rechte Hand vor den Mund.

In diesem Moment kam ein junger Hauptmann, der als Physiotherapeut arbeitete. Er trug ein Bündel vierundzwanzig Zentimeter breite Gummibänder bei sich. Ich hatte ihn bereits früher am Tag getroffen. Sie hatte mir erklärt, dass sie sich gut für das Training im Bett eigneten. Man sollte sie an die Gitterstäbe des Bettes binden und für Widerstandsübungen nutzen. Ralph betrachtete sie eingehend. Nach einer Weile fragte er: „Hast du noch mehr von diesen Dingern? Die wären toll, um den Leuten auf den Hintern zu hauen. Das wäre meine Art, über den Tellerrand zu schauen."

Der Hauptmann sah Ralph erstaunt an und fragte: „Bist du ein Psychiatriepatient? Auf welcher Station bist du?"

„Das verdammte Friedenskorps."

Wieder hielt sich Schwester Crigler die rechte Hand vor den Mund. Dr. Messinger, der an der Wand lehnte, lachte laut. Er sah mich an, und ich sagte: „Ich bin kein Arzt, aber ich habe die Diagnose schon vor langer Zeit gestellt."

„Hey, ich muss wieder an die Arbeit gehen. Ich arbeite an einem Plan, mit dem wir so viel Geld wie möglich vom amerikanischen Volk erpressen können. Je mehr Geld wir einnehmen, desto länger können wir reisen, herumhängen und uns selbst verwirklichen. Wir verteilen ein paar Kondome, sagen den Leuten, dass wir uns bemühen, zeigen Emotionen und erklären, dass das, was wir tun, wichtig ist." Er grinste mich an und sagte. „Das passt perfekt zu John F. Kennedys Lebensstil und seiner Vision. Camelot war ein Haufen Schwachsinn. Ich werde wieder vorbeikommen. Ich hoffe, du siehst beim nächsten Mal nicht mehr so beschissen aus."

Dann nahm er eine Lucky-Strike-Zigarette aus der Schachtel und zündete sie an. Leutnant Crigler rief: „Zünde sie nicht an! Hier drinnen ist Sauerstoff!"

Ralph sagte: „Du hast Recht. Die Person ist schon einmal in die Luft gegangen. Zweimal würde ihn wahrscheinlich umbringen."

„Danke, dass du gekommen bist, Ralph." Er ging, und ich dachte, sein ganzes Leben sei voller Glück. Irgendwann würden explosive Gase zusammen mit Lucky Strikes sein Ende bedeuten.

„Guten Morgen. Ich bin Captain Culpepper, der diensthabende Seelsorger."

Er sah aus wie der Mann, der jeden Tag zehn Meilen um unser Büro in Kabul lief. Wir nannten ihn die „zweite Hand". Er wirkte wie ein junger, enthusiastischer Pastor, entschlossen, Seelen zu retten. Ich schaute zu ihm hinüber und sah das Kreuz über der linken Brusttasche seiner Uniform. „Welcher Konfession gehörst du an?"

„Evangelisch. Ich bin auf meiner Runde, und man hat mir gesagt, dass du eine geistliche Beratung gebrauchen kannst. Wir sind alle Sünder. Der beste Weg zur Buße besteht darin, den Fragen nachzugehen, die uns verwirren, und unsere Fehler einzugestehen. Zu unserem Leben gehören viele Fragen und viele Fehler. Welche sind deine?" Eigentlich wollte ich einem Menschen, den ich noch nie getroffen hatte, diese persönlichen Details nicht anvertrauen. Die Psychiater haben ihn dazu angestiftet.

„Wovon du sprichst, ist das Implodieren."

„Das verstehe ich nicht."

„Ich schon."

Um die Situation zu entspannen, erzählte ich weiter. „Wusstest du als Mitglied der koptischen Kirche, dass Johannes der Täufer in Ägypten ohne seinen rechten Arm vom Ellbogen abwärts begraben ist? Seine Überreste liegen in einer goldenen Kiste in der Halle der Schätze im Topkapi-Palast, dem früheren Sitz des Osmanischen Reiches in Istanbul."

„Nein, das wusste ich nicht. Woher auch? Übrigens, ich bin kein Mitglied der koptischen Kirche."

„Wie kann man etwas mit Sicherheit wissen? Ohne Beweise kann man nur glauben, dass es wahr ist. Ich habe zwar den Arm gesehen, aber die Leiche fehlte. Ein Händler auf einem Basar in Istanbul, der mir ein Tintenfass verkaufen wollte, hat mir außerdem versichert, dass er in Ägypten begraben sei. Das könnte zu einem viel längeren Gespräch führen. Ein Beispiel wäre der Zweck der Zerstückelung in der islamischen Kultur. Doch lass uns zu deinen ursprünglichen Fragen zurückkehren.

Mir stellt sich nur eine Frage zu meinem Leben. Ich nahm einen Bleistift, drehte ihn zwischen den Fingern meiner rechten Hand und fragte Richtung Decke: „Das ist es: Warum ruft mich immer nur jemand an, wenn ich auf der Toilette sitze und eine Zigarette rauche? Der größte Fehler, den ich je gemacht habe, ist, dass ich kein Telefon an der Wand direkt neben der Toilette installiert habe." Ihm fiel die Kinnlade herunter. Schwester Crigler schlug sich die Hand vor den Mund und verließ lachend den Raum.

Zwei Wochen vor Thanksgiving kam ich frei. Ich stand in meinem Zimmer, hatte saubere Haare, war frisch rasiert und trug normale Kleidung. Ich starrte aus dem Fenster. Es war grau und regnete. Ich erinnerte mich an eine islamische Lehre: „Mit jedem Regentropfen kommen Engel herab." Ich war erstaunt über die wertvolle Lebenserfahrung, die ich gewonnen hatte. Jetzt brauchte ich nur noch die Entlassungspapiere und musste sie mit dem Lungenarzt abstimmen. Anne kam, um mir beim Packen zu helfen und mich anschließend nach Hause zu fahren.

Dann kam Doktor Messinger mit den nötigen Papieren und Rezepten. Ich sollte das Krankenhaus mit drei Schläuchen verlassen, die aus der linken Seite meines Rumpfes ragten und mit drei kleinen Plastikbehältern verbunden waren. Er erklärte mir die verschriebenen Medikamente und den Zeitplan für die Entfernung der Schläuche. Zum Schluss schüttelten wir uns die Hände, und ich bedankte mich für seine Hilfe. Beim Gehen fragte ich ihn, ob er wisse, wo Laura Crigler sei. Ich wollte mich ebenfalls bei ihr bedanken. Ich würde ihr vertrautes Lächeln und den Duft von Jasmin vermissen.

„Ich weiß es nicht. Sie wurde gestern versetzt."

„Weißt du, in welche Abteilung?"

„Nein, das Krankenhaus ist zu groß."

Ich starrte auf den Regen und dachte an einen Ort aus meiner Vergangenheit. Ich las: „Engel sind ein Wegweiser für die Gegenwart Gottes."

Anne und ich verließen die Station. Sie hielt meinen Ellbogen fest, weil mein Gleichgewicht nicht gut war. Wir gingen in den Lungenbereich und trafen Doktor Berry. Er untersuchte mich kurz und unterschrieb die nötigen Papiere.

Mit einem breiten Lächeln sagte er: „Folgt mir. Da ist jemand, den ich euch vorstellen möchte." Wir gingen den Flur entlang, bogen um eine Ecke und blieben vor einem Büro mit offener Tür stehen.

Auf dem Schild an der Tür stand: „Pulmonary Program Director".

Dr. Berry klopfte an, lächelte und sagte: „Colonel, es sind noch zwei Wochen bis Thanksgiving."

Als ich das Krankenhaus verließ, führte mich meine Frau weiterhin am Ellbogen und setzte mich auf eine Bank vor dem Haupteingang. „Warte hier, ich hole das Auto", sagte sie. Sie ging weg. Etwa zehn Sekunden später sah ich zu meiner Überraschung Doktor Annie Bocquiat. Sie umarmte mich lächelnd und fragte: „Wie geht es dir?"

„Es geht mir jeden Tag besser. Was machst du denn hier?"

„Ich bin wegen einer Konferenz in der Stadt und habe beschlossen, alte Freunde zu besuchen. Ich wollte dich besuchen, aber man sagte mir, du seist schon weg."

Anne stoppte mit dem Auto, stieg aus und half mir beim Aussteigen. Sie fragte: „Warum führst du Selbstgespräche?" Ich schaute hinüber, aber Dr. Bocquiat war verschwunden.

„Ich rede mit den Regentropfen."

„Willst du wieder reingehen?"

„Nein. Ich möchte nach Hause gehen."

Im Januar hatte ich einen Folgetermin bei Doktor Berry. Er begrüßte mich im Wartezimmer und führte mich gleich in sein Büro. Ich zog mein Hemd aus. Während er mich untersuchte, sagte er: „Ich habe eine Menge über deinen Zustand recherchiert. Dein Fall wird auf wissenschaftlichen Konferenzen im ganzen Land vorgestellt."

„Warum?"

„Nun, ich habe nachgeforscht. Es gab vierzehn Fälle wie deinen, und alle Betroffenen kehrten aus Afghanistan oder dem Irak zurück. Zwölf davon starben innerhalb von dreißig Tagen. Ein weiterer Patient ist vor einer Woche eingetroffen und liegt auf der Intensivstation. Du bist noch am Leben."

„Ich hoffe, er schafft es. Sag ihm, dass nur eine Kombination aus deinen Fähigkeiten und seinem Willen zählt. Er ist nicht bei Sinnen, aber er kann dich hören." Komm schon, Kumpel, wir geben nicht auf, wenn du nicht aufgibst.

Ich verließ sein Büro und ging zur Computertomografie-Station, um den Menschen dort Hallo zu sagen, die so nett zu mir gewesen waren. Ich ging die langen Flure des Krankenhauses entlang. Dort hatte ich hart gearbeitet, um wieder laufen zu lernen. In der Nähe der Intensivstation bog ich um eine Ecke und traf auf zwei Krankenschwestern in Krankenhauskitteln.

„Mein Gott! Du lebst!", rief eine der Krankenschwestern aus.

„Ja, das bin ich."

Ich sah die beiden Krankenschwestern an. Sie wirkten erschöpft. Ich fragte mich, wer sie waren. „Es tut mir leid, aber ich weiß nicht, wer Sie sind."

Beide strahlten mich mit einem breiten Lächeln an. Die Pflegekraft rechts sagte: „Wir haben uns auf der Intensivstation um dich gekümmert. Niemand von uns dachte, dass du es schaffen würdest. Es ist so schön zu sehen, dass du aufstehen und gehen kannst. Ich hätte nie gedacht, dass du so groß bist.

Die Pflegekraft auf der linken Seite sagte: „Willkommen zurück. Darf ich dir eine persönliche Frage stellen?"

„Klar, nach dem, was ich durchgemacht habe, ist es mit der Bescheidenheit vorbei."

„Was ist das mit den Rosen?"

Ihre Frage erschreckte mich. Ich dachte, das kann sie nicht wissen. Als ich jung war, erzählte mein Vater von den Rosen meiner Mutter, den Rosen in Italien, den Rosen in Arizona, den Rosen in Maryland und den Rosen aus Kabul.

„Wovon redest du?"

„Als du auf der Intensivstation lagst und es ernst aussah, hat der Priester dir die letzte Ölung gegeben, und deine Frau saß an deiner Seite. Wir wussten, dass sie Episkopale ist. Sie schaute auf die Monitore und sah, was geschah. Ein paar Mal rüttelte sie sanft an deinem Arm und sagte: ‚Komm schon, Ed, es ist Zeit, eine Rose zu werden.'"

Ich dachte an den Bahnhof in Ljubljana. Ich erinnerte mich an Anne, die meine Tochter im Arm hielt und mir vom Bahnsteig aus zurief, als der Zug abfuhr: „Ich rufe dich an, wenn ich denke, dass du zu Hause bist!"

„Es geht um einen Samen, der vor vielen Jahren gepflanzt wurde."

Ich verließ das Krankenhaus, ging ins Parkhaus und machte mich auf die lange Fahrt nach Hause. Während der Fahrt hatte ich viel Zeit, um über das letzte Jahr nachzudenken. Als ich in meine Einfahrt fuhr, ging ich anschließend in den Garten und betrachtete, gestützt auf einen Stock in meiner linken Hand, meinen Rosengarten. Meine Gedanken gingen zurück zu meiner Mutter, ihren Rosen und einem Gespräch, das wir führten, als ich auf dem College war. Ich hatte verschlafen und stand in der Küche meiner Eltern, um mir Kaffee einzuschenken. Ich würde zu spät zum Unterricht kommen. Sie kam herein und fragte mit ihrem sanften Südstaatenakzent, frustriert über meine vermeintliche Unkonzentriertheit: „Edmund, was willst du mit deinem Leben anfangen?

„Ich weiß es nicht, aber es wird interessant."

Dann sah ich mir die Aufgabe an, die ich erledigen sollte, um den Rosengarten in Ordnung zu bringen. Dort lag ein zerbrochener Blumentopf, den Anne in Mexiko gekauft hatte. Er muss von der Terrasse geweht worden sein, während ich weg war. Er landete auf den Steinen, die ich zur Umrandung des Gartens gelegt hatte. Ich bückte mich, betrachtete die Splitter und dachte an ein Wort von Ernest Hemingway: „Das Leben verändert uns alle, aber einige von uns gehen als mehr als nur Scherben hervor."

Als ich zu den Rosen sah, bemerkte ich: Es war Januar, doch eine weiße Rose blühte noch. Mir fiel ein Konzept ein, das ich vor vielen Jahren gelesen hatte: der „Vorrang der göttlichen Gnade vor allen menschlichen Bemühungen". Du bist da, wo du gewesen bist. Ich berührte die Rose, sah meinen gefrorenen Atem in der kalten Winterluft, legte meine Hand auf mein Herz und flüsterte: „Danke."

Da klingelte mein Handy.

„Hi, Ed, hier ist Jack Grot. Ich freue mich zu hören, dass du das Krankenhaus verlassen hast. Fühlst du dich gut?"

„Es wird jeden Tag besser."

„Gut. Ich habe einen Job für dich. Willst du nach Bagdad gehen?"

„Nein, verdammt."

Über den Autor

Edmund B. Seinen Bachelor-Abschluss machte er an der University of Louisiana. Danach holte er seinen Master-Abschluss an der Central Michigan University. Er diente in der United States Air Force als Logistik- und Technikoffizier. Viele Jahre lang arbeitete er in der Türkei, in Nordafrika und in Italien. Nach seinem Abschied aus der Luftwaffe arbeitete er für ein Rüstungsunternehmen. Nach seiner Krankheit zog er sich zurück. Er pflegte seinen Rosengarten und schrieb von seinem Haus in Maryland aus. Er verstarb im Jahr 2011.

Dies ist sein erstes veröffentlichtes Buch.

www.ingramcontent.com/pod-product-compliance
Lightning Source LLC
Chambersburg PA
CBHW051159120626
46547CB00012B/1122